Gerald Hörhan

NULL BOCK KOMPLOTT

Gerald Hörhan: Null Bock Komplott

www.edition-a.at

Lektorat: Angelika Slavik, Anatol Vitouch

Cover und Gestaltung: Hidsch
Druck: Theiss (www.theiss.at)

Schriften:
Premiéra
Frakturika Spamless

1 2 3 4 5 6 — 16 15 14 13

ISBN 978-3-99001-058-7

Die in diesem Buch geschilderten Begebenheiten haben sich tatsächlich ereignet. Namen von Personen und Unternehmen sowie Orte und Zahlen wurden teilweise geändert.

Gerald Hörhan

null bock KOMPLOTT

Warum immer die Weicheier Karriere machen und wie ihr es trotzdem schafft.

edition a

inhalt

underworld

*Ihr haltet es für einen Teil eures
Lebens und merkt gar nicht, wie
viel davon es euch nimmt.*

Termin mit einem Weichei

„Last call for passengers travelling to London. Please proceed immediately to gate D3."

Ich hatte meinen Fahrer um Eile gebeten und er war prompt in eine Radarfalle getappt. Ein mobiles Gerät, das die Polizei gleich hinter den Lärmschutzwällen an der Stadtausfahrt unauffällig am Straßenrand aufgestellt hatte. Es war ein kleiner Ärger am Morgen gewesen, nicht wegen des Geldes, sondern wegen der vielen Fallen.

An der Sicherheitsschleuse trank ich mein stilles Mineralwasser aus, warf die 1,5-Liter-Flasche in den Müll, passierte den Metalldetektor und saß Minuten später auf meinem Gangplatz in der 11-Uhr-Maschine von Frankfurt nach London Heathrow. Die Maschine rollte ein Stück und blieb dann wieder stehen.

Vierzig Minuten später stand sie noch immer und ich musste aufs Klo. Die Stewardess deutete auf das leuchtende Anschnall-Signal. Keine Chance also. Ich machte ihr klar, dass sie unangenehme Reinigungsarbeiten zu erledigen hätte, wenn sie darauf beharren würde.

„Wenn ich Sie jetzt aufs Klo gehen lasse, verstoße ich gegen unsere Regeln für Terrorismusbekämpfung", sagte sie. „Ausserdem geht es um Haftungsfragen. Ich kann ja nicht kontrollieren, was Sie dort tun."

Mir war klar, dass ich vorsichtig sein musste. David, ein Freund von mir, hatte einmal am New Yorker John F. Kennedy-Flughafen wegen einer zu langen Warteschlange bei den Sicherheitsschleusen eine flapsige Bemerkung zu einer arroganten Mitarbeiterin gemacht. Die Flughafenpolizei hatte ihn daraufhin wegen Terrorismusverdachtes festgenommen. Als er aus hygienischen Gründen die Rektaluntersuchung verweigert hatte, hatten sie ihn zwei Tage eingesperrt. „Was tun?", fragte ich die Stewardess.

Als ich mit Unterschriften auf zwei Formularen die Haftung für alles mögliche übernommen hatte und zur Toilette des Airbus A 321 ging, beobachteten mich die 200 Passagiere misstrauisch.

Trotz der Flugverspätung schaffte ich es zu meinem Banktermin in Canary Wharf, wo auch mein Hotel lag. Es ging um eine Finanzierung für einen Familienbetrieb. Eine achtzig Jahre alte Firma. Zwei Erben, die vor vier Jahren übernommen hatten und sich nicht verstanden. Einer wollte den anderen herauskaufen, ehe sie mit ihrem Streit noch alles kaputt machten.

Ich kannte den Banker, der die Kreditentscheidung treffen würde. Was kein Vorteil war. Wir hatten in unserer Anfangszeit miteinander im Team für Firmenverkäufe bei einer Unternehmensberatung gearbeitet. Er war der Mann auf dem Weg nach oben gewesen. Trotzdem hatte ich ihn als mühsamen Bürokraten in Erinnerung. „Hallo Benjamin", sagte ich. „Tolles Büro."

Das war übertrieben. Das Stockwerk hatte zwar Aussicht über den Osten Londons, bloß nicht von Benjamins Zimmer aus. Sein Fenster führte in einen Lichtschacht, in dem die Tauben auf die Fensterbretter kackten. Benjamin sah auch etwas blass aus, was nichts daran änderte, dass er nach wie vor ein Mann auf dem Weg nach oben war. „Danke", sagte er. „Für dich läuft es ja auch prächtig, wie ich höre."

Während des folgenden Gesprächs sah er mir kein einziges Mal in die Augen. Er redete mit seinem Bildschirm, auf dem er Daten in ein elektronisches Formular eintrug. Während ich diese Daten für ihn aus meinem Laptop fischte, versuchte ich ihm zu erklären, worum es bei dem Deal ging. Eine Marktnische im technischen Bereich. Ein Unternehmer mit Sachkenntnis, Hausverstand und Handschlagqualität. Eine Sache mit Zukunft.

Er schien nur die Daten zu hören. Allmählich wurde mir klar, dass ich mir den Flug sparen hätte können. Wegen der Unstimmigkeiten zwischen den beiden Firmenerben hatten sich die für Benjamin interessanten Zahlen zuletzt verschlechtert. Für die Geschichte, die das alles in einen logischen Zusammenhang mit positiven Aussichten stellte, gab es in Benjamins Formular kein Feld.

„Diese Firma scheint seit vier Jahren ein Problem zu haben", sagte er schließlich.

„Genau darum geht es", sagte ich. „Die Finanzierung schafft diese Probleme aus der Welt."

„Okay", sagte er. „Du hörst von mir. War jedenfalls nett, dich wieder einmal zu sehen."

Beim Abendessen in einem Restaurant der Steakhouse-Kette Gaucho erzählte ich Liljana von Benjamin. Wir plauderten ein bisschen darüber, dass immer die Weicheier Karriere machten.

Ich kannte Liljana noch kaum. Wir hatten während meines letzten Aufenthaltes in London bei einer braven Party von Rechtsanwälten Nummern ausgetauscht. Sie gefiel mir. Lange braune Haare, schwarze Augen und etwas zurückhaltend. Nach der ersten Flasche *El Porvenir de los Andes* waren wir noch immer bei Branchengeschichten, aber ihre Stimme war dunkler und weicher geworden.

Ich erzählte ihr von Davids Verhaftung in New York und eine weitere Geschichte aus seinem Leben, die sich bei Verabredungen mit Branchenkolleginnen schon bewährt hatte. Als David einmal innerhalb seiner Bank die Abteilung gewechselt hatte, war ein seltsamer Punkt in seinem neuen Dienstvertrag gestanden. Aufgrund der in der Bank geltenden Verhaltensregeln durfte er das Wissen, das er sich in der einen Abteilung angeeignet hatte, nicht in der anderen anwenden. Wie er das schaffen sollte, durch partielle Gehirnwäsche oder Hypnose, hatte nicht in dem Vertrag gestanden.

Schon irre, was denen alles einfällt.

Liljana lachte erwartungsgemäß herzlich. Sie nahm als Nachtisch Eiscreme mit Whisky und ich Zitronenkuchen. Als der Kellner die Reste davon abservierte, unterhielten wir uns noch immer angeregt. Doch von den Konsequenzen, die David aus dem Vorfall gezogen hatte, erzählte ich ihr lieber nichts. Er hatte eine interne Diskussion über Verhaltensregeln vom Zaun gebrochen und seinen Job am Ende verärgert hingeschmissen. Jetzt lebte er von dem kleinen Vermögen, das er als erfolgreicher Banker verdient hatte, und ging mit seinem Jack Russell Terrier spazieren.

Liljana war vermutlich nicht der Typ für trotzige Ideen und radikale Schritte. Sie war mit 18 aus dem mazedonischen Skopje nach Berlin gekommen, hatte im Eiltempo Wirtschaft studiert und bei einer Schweizer Bank Karriere gemacht, die sie schließlich als Risikomanagerin in ihrer Londoner Niederlassung eingesetzt hatte. Nicht nur die Partys, die sie besuchte, waren brav. Ihr schwarzer Rock war nicht zu kurz und nicht zu lang, ihre Schuhe hatten genau die richtige Höhe und ihr Lachen blieb auch während der zweiten Flasche Wein professionell dezent.

Sie wohnte in der Portobello Road in Notting Hill, am nordwestlichen Ende des Hyde Park. Im Taxi dorthin verlor ihre Stimme das dunkle, weiche Timbre wieder. Als wir vor einem zweistöckigen Haus hielten, wirkte sie nervös. Ich wusste nichts über ihre privaten Verhältnisse und vermutete, dass darin der Grund lag. „Wir können auch zu mir ins Hotel fahren“, sagte ich.

Sie nickte.

Als das Taxi weiterfuhr, fing sie mit ihren Fragen an. Ob ich

Geschäftsbeziehungen zu ihrer Bank unterhielte. Ob ich oder Mitglieder meiner Familie Aufsichtsratsfunktion in einer der Bank nahestehenden Firma hätte. Ob ich politisch exponiert sei, also ein Naheverhältnis zu Regierungen oder Behörden hätte. Allmählich dämmerte mir, worum es hier ging.

Im Hotelzimmer war dieses weiche Timbre noch immer nicht in ihre Stimme zurückgekehrt. Sie öffnete das Fenster, lehnte sich einen halben Meter hinaus und zündete sich eine Zigarette an. Nach drei nervösen Zügen hielt sie die Kippe zuerst unter die Wasserleitung und warf sie hinterher ins Klo. „Entschuldige bitte", sagte sie.

Sie deutete auf das Schild an der Tür.

Smoking or permitting others to smoke is a criminal offense.

Sie hatte mit der Zigarette nicht nur selbst eine Regel überschritten, sondern mich zum Mittäter gemacht. Was ernsthaft ein Thema für sie zu sein schien. Ich sah in der Minibar nach. „Whisky?", fragte ich.

Dann trug sie auch noch diesen hautfarbenen Slip. Als ich den sah, wurde mir klar, dass zwischen uns nichts laufen würde. Nicht an diesem Abend und nicht an einem anderen.

Zuerst das berufliche Verhör, mit dem sie sicherstellen wollte, dass unser Treffen gegen keine Verhaltensregel ihres Arbeitgebers verstieß. In Banken wie ihrer gab es so viele dieser Regeln, dass niemand alle auswendig kannte. Weshalb sich viele Mitarbeiter angewöhnt hatten, doppelt vorsichtig zu sein. Eine private Verabredung mit einem Investmentbanker, der Geschäfte mit der Bank machte, besonders wenn das ganze politische Implikationen hatte, hätte besondere Vorsicht vorausgesetzt.

Man kann nie wissen.

Es brauchte sie bloß ein missgünstiger Kollege dabei zu beobachten und einen Eintrag auf der internen Verpetz-Plattform ihrer Bank zu machen, und schon würde sie unangenehme Fragen beantworten und umfangreiche Berichte schreiben müssen.

Und nun dieser Slip. Ich betrachtete Liljana und hatte das Gefühl, dass ich im Begriff war, das System zu vögeln, und zwar nicht auf die „Fuck the System"-Art, die mir irgendwie noch Spaß gemacht hätte. Denn Liljana entsprach nicht nur mit ihrem Rock und ihren Schuhen den 38 Seiten umfassenden Bekleidungsvorschriften, die ihr Arbeitgeber einmal für seine Mitarbeiter erlassen hatte.

Bei diesen Bekleidungsvorschriften hatten sich die Verhaltensbeauftragten der Bank ordentlich ins Zeug gelegt. Männern verboten sie darin Drei-Tages-Bärte, das Tragen dicker Brieftaschen im Sakko, gefärbte Haare oder Schuhsohlen aus billigem Plastik. Frauen mussten dezent geschminkt sein, Seidenstrümpfe tragen und auf rote Büstenhalter verzichten. Frauen, die alles richtig machen wollten, mussten fleischfarbene Unterwäsche tragen.

Als ich das Kondom auspackte, dachte ich daran, dass die EU Kondome als medizinische Vorrichtung einstufte, weshalb das Europäische Komitee für Normung 1996 eine Größenordnung festgelegt hatte. Das Komitee hatte unter anderem festgelegt, dass „die Länge nicht weniger als 160 Millimeter" betragen sollte. Es handelte sich nur um eine Empfehlung, aber ich überlegte, ob Liljana womöglich immer ein Maßband dabei hatte, um Kondome, die sie nicht selbst gekauft hatte, zu kontrollieren. Das erschien mir möglich. Sogar wahrscheinlich. „Tut mir leid, Liljana", sagte ich. „Das wird nichts."

Als sie weg war, las ich meine Mails. Benjamin, eifrig wie schon immer, hatte mir kurz vor acht geschrieben, als seine Kollegen bestimmt schon alle gegangen waren. „Interessantes Angebot, aber es ist leider ein Nein heraus gekommen", schrieb er. „Ich kann da nichts machen. Ich halte mich nur an das System."

Ich erinnerte mich an einen Firmenverkauf, bei dem Benjamin und ich im Verkaufsteam gewesen waren. Ich hatte telefoniert, einen Interessenten gefunden, war zu ihm geflogen und hatte einen Termin zwischen dem Interessenten und dem Verkäufer arrangiert. Womit ich mir eine schwere Rüge eingehandelt hatte. Der Teamleiter hatte mir erklärt, dass ich nicht die erforderlichen Powerpoint-Präsentationen angefertigt und nicht den richtigen Prozess angewandt hätte, ganz zu schweigen von meiner Frisur. Und natürlich hätte ich in meiner Position als Analyst den Kunden nicht einfach selbst anrufen dürfen. Benjamin hingegen hatte eine Belobigung bekommen. Er hatte in der Zwischenzeit zwar keine Käufer gefunden aber dafür genug Unterlagen produziert, um eine Altpapiertonne zu füllen.

Ich halte mich nur an das System.

Das war schon damals einer von Benjamins Stehsätzen gewesen. Ich hätte ihm gerne geschrieben, wer aller in der Geschichte sich schon mit diesem Satz für schreckliche oder schrecklich dumme Taten zu rechtfertigen versucht hatte, aber das hätte keinen Sinn gehabt. Stattdessen schrieb ich David, der Benjamin wie ich von früher kannte.

Sieht so aus, als hätten die Weicheier Rückenwind.

Ich wollte nicht im Hotel bleiben und rief Jonathan an, der mit unserem gemeinsamen Bekannten Huang Tsang und ein paar anderen Freunden gerade unterwegs ins Underworld war, um einen Karriereschritt zu feiern. Bis drei Uhr morgens ließen wir uns in der Bar in Camden Town von harten Bässen die Eingeweide massieren. Ich trank nur wenig, trotzdem kam mir das System, an das sich Benjamin so artig hielt und das mir eben noch den Abend vermiest hatte, bald nur noch wie die Gegenwelt von ein paar abgehobenen Bürokraten vor.

Gegen vier Uhr morgens standen wir zu fünft an der Haltestelle einer Londoner Nachtbuslinie in Westminster. Wir waren ziemlich gut aufgelegt und wollten noch zu einer Party. Ein Polizeiwagen hielt und ein Polizist kam zu uns herüber. Er machte uns darauf aufmerksam, dass wir uns an einem „enclosed public space" befanden, was Rauchverbot bedeutete. Wir hatten uns beim Warten Zigaretten angezündet.

Die Haltestelle war ungefähr so „enclosed" wie ein Fußballtor. Trotzdem erklärte uns der Polizist, dass gemäß der geltenden gesetzlichen Regelung alles, was zwei Wände und ein Dach hatte, „enclosed", und eine Bushaltestelle in jedem Fall ein „public space" sei. Rauchen war dort verboten, auch wenn niemand da war, den es störte.

Huang machte auf Tourist und wir folgten seinem Beispiel. Der Polizist wies uns trotzdem darauf hin, dass unser Verhalten ein „serious offense" darstellte. Als der ziemlich betrunkene Jonathan ungläubig grinste, sagte der Polizist, dass wir es mit den Paragraphen für organisierte Kriminalität zu tun bekommen könnten, weil wir zu fünft seien. Wir hatten außerdem nicht nur selbst geraucht, sondern jeweils auch vier anderen das Rauchen gestattet, womit wir nach meiner Rechnung miteinander auf 25 Vergehen kamen.

Als der Polizist endlich weiter fuhr, dämmerte mir, dass wir nur knapp einer Verhaftung entgangen waren. Wäre er fünf Minuten früher gekommen, wäre er Zeuge geworden, wie ich ein Kanalgitter einem wahrscheinlich ebenfalls nicht gesetzeskonformen Zweck zuführte. Vermutlich hätte er mich wegen „pissing in public" in Handschellen abgeführt und für mindestens zwei Wochen eingebuchtet.

Ich hatte danach keine Lust mehr auf die Party.

Faule, träge Suppe

In meinem Hotelzimmer roch es noch immer nach Liljanas so verdammt dezentem Parfum. Ich las Davids Antwort in Sachen Rückenwind für Weicheier. „Scheint ein Systemfehler zu sein", schrieb er. „Es ist nicht nur in der Wirtschaft so. Auch in der Politik sind die Weicheier auf dem Vormarsch."

Er schickte mir einen Link zu einem Interview mit dem Ministerpräsidenten eines deutschen Bundeslandes, das im ZDF-Morgenmagazin gelaufen war.

Frage an den Ministerpräsidenten: Was soll eines Tages von Ihnen bleiben?
Antwort: Dass ich einer war, der sich bemüht hat.

Ich wusste, was David meinte. Der Ministerpräsident zeigte sich tatsächlich als Benjamin der Staatsgewalt, dessen Vision darin bestand, artig zu sein.

Frage: Was macht Sie für Ihre Wähler spannend?
Antwort: Ich habe mit mehr als sechzig Jahren den Großteil meines Lebens hinter mir. Alles, was ich brauche, habe ich schon.

Womit er offenbar andeuten wollte, dass er schon zu alt zum Stehlen war. „Stellt sich die Frage, warum der Typ mit mehr als sechzig Jahren nicht einfach daheim bleibt und seine Gartenzwerge poliert, damit wenigstens die glänzen", schrieb ich David. Mir wurde klar, dass meine kaum zwei Stunden zurückliegende Hochstimmung über die vermeintliche große Freiheit nur dem Heavy-Metal-Sound geschuldet gewesen war. Die Wirklichkeit sah anders aus. Die Bürokraten hatten längst die Macht übernommen. Sie regierten die industrialisierte Welt, indem sie regelten, kontrollierten und bestraften. Sie hatten so viele Gesetze und Verordnungen geschaffen, dass es in der Wirtschaft nicht mehr darum ging, gute Geschäfte zu machen, sondern nur noch darum, möglichst keinen Fehler zu machen. Spaß war zu einer Form von organisierter Kriminalität geworden, und mit Verpetz-Plattformen im Internet hatte der Kontrollstaat die Bürger zu Kontrollbürgern gemacht und ein Spitzelwesen ähnlich dem in der DDR etabliert.

Die Konzerne hatten sich ein Beispiel am Kontrollstaat genommen. Sie gingen mit ihren Mitarbeitern um, wie Lehrer mit Schülern auf Landschulwoche. Zur Sicherheit regelten sie alles und was aufregend war, verboten sie. Indem sie das Anschwärzen anderer förderten und belohnten, machten sie ihre Mitarbeiter, genau wie der Staat seine Bürger, zu ihren Handlangern.

Niemand war nirgendwo vor niemandem mehr sicher.

Aus dem Kontrollstaat, den Kontrollkonzernen und den Kontrollfirmen war ein Kontrollsystem entstanden, in dem vor lauter Angst alle nur noch verwalteten und niemand mehr gestaltete. Die Weicheier waren überall. Die Benjamins, die Jasager und Arschkriecher, die keine Entscheidungen mehr trafen und für nichts verantwortlich waren, die sich hinter dem System versteckten, hinter Gutachtern, Studien und Komitees, die wie organische Roboter Vorschriften erfüllten, die Systemtrottel, das waren die neuen Helden.

Sie waren, je nach Firmenkultur, immer perfekt unauffällig gekleidet. Sie nahmen die Demütigungen, die sie täglich erfuhren, sei es von Vorgesetzen, Sicherheitspersonal oder Staatsbeamten, mit unterwürfigem Dank entgegen. Sie regten sich niemals auf, es sei denn, jemand in ihrer Umgebung hielt die Gesetze, Verordnungen und Verhaltensregeln nicht so genau ein wie sie selbst. Sie verstanden nicht, was jemand gegen Gesetze, Regeln und Kontrolle haben konnte.

Wer sich korrekt verhält, hat nichts zu befürchten.

Die Weicheier waren richtig froh darüber, dass es Regeln gab. So brauchten sie nicht selbst zu denken und sich nicht mit Selbstreflexion aufzuhalten. Sie plapperten einfach nach, was sie hörten, und begnügten sich mit der Reflexion, die ihnen das System bot, indem es ihnen bei Regelverstößen auf die Finger klopfte. Sie waren damit perfekt manipulierbar, kalkulierbar und kontrollierbar. Denn wer, statt selbst zu denken, Regeln erfüllt, läuft immer dorthin, wohin die Pfeile weisen.

Das ganze Kontrollsystem war längst ausgerastet. Mangels Ambition und Kompetenz der Exekutive gediehen internationale Verbrecherringe, während ein Heer von Polizisten mit 4.000 stationären und 15.000 mobilen Radarfallen allein in Deutschland, Österreich und der Schweiz Autofahrern auflauerte, die mit Autos, die für 180 Stundenkilometer gebaut waren, auf Straßen, die für 200 Stundenkilometer gebaut waren,

140 statt 120 fuhren. Die Leistungsträger erlahmten, weil sie das Kontrollsystem bremste, während es die Weicheier förderte, und mit den Leistungsträgern erlahmte die Wirtschaft. Es entstand eine faule, träge Suppe, in der niemand glücklich war, auch nicht die Weicheier.

Das Kontrollsystem hatte Überwachungsmethoden entwickelt, gegen die jene des Kommunismus Kinderkram waren, aber auch das regte niemanden richtig auf. Als Edward Snowden aufdeckte, wie der amerikanische Geheimdienst NSA in Zusammenarbeit mit Staaten und Konzernen systematisch alle Bürger ausspähte, ließen sich die meisten nur via Fernsehen mit der aufregenden Jagd der USA nach Snowden, dem Match zwischen den Präsidenten Barack Obama und Wladimir Putin und dem üblichen politischen „Wer hat was wann gewusst" berieseln. Das Problem selbst war allen ziemlich egal.

Ich bin nicht wichtig genug.

Dabei konnten die NSA und die Geheimdienste durch die Daten aus privaten Online-Aktivitäten mit ein paar Klicks schon mehr über ihr Liebesleben in Erfahrung bringen als sie selbst in drei Jahren Sexualtherapie, hundert Euro die Stunde.

Die Politiker mussten ihnen nur erklären, dass alles ihrer eigenen Sicherheit diente. Dann würden sie sich wahrscheinlich auch in Käfige sperren lassen, in denen ihnen knallgrüne Schilder mit weißen Piktogrammen zeigten, in welchem Winkel sie durch die Eisenroste zu scheißen hatten, und in denen sie zwecks Stromgewinnung für die Rechner im Rechenzentrum der NSA in Maryland den ganzen Tag in Pedale treten mussten.

Das ginge dann doch zu weit.

Ginge es nicht. Als die Online-Ausgabe einer großen deutschen Boulevardzeitung tatsächlich über Vorschriften in Form einer Benutzungsordnung für Toiletten in Behörden, Dienststellen und öffentlichen Gebäuden des Landes Sachsen-Anhalt berichtete, regte sich auch niemand richtig auf. Obwohl darin die Sitzposition, die Darmentleerung, die anschließende Sichtkontrolle, die Reinigung des Rektums und die Reinigung der Toilette geregelt waren.

Was denen wieder eingefallen ist.

Die Sache hatte sich als Ente herausgestellt, die ein Zyniker in Umlauf gebracht hatte, doch sie hatte gezeigt, wie weit der Staat ungehindert gehen könnte. Ich zog die Vorhänge zu und hatte bis 12 Uhr Mittag Albträume von Bürokraten, die Weicheier züchteten und allen, die sich nicht normieren ließen, das Leben zur Hölle machten. Zum Glück gab es eine Möglichkeit, Widerstand zu leisten und es trotzdem zu schaffen, dachte ich später. Wer sie nutzen wollte, musste das System allerdings zuerst durchschauen.

DAS SYSTEM

Vielleicht kommt es euch auch manchmal so vor, als würden immer die Falschen Karriere machen. Die Langweiler. Die Jasager. Die Weicheier. Das ist keine Einbildung. Es stimmt – und es hat einen Grund.

Die Gesetzgebung ist ausgerastet

Ich bin froh, dass es Gesetze gibt. Ich profitiere jeden Tag von ihnen. Nicht bloß, weil sie es mir ermöglichen, nachts sicher heimzugehen. Ich könnte ohne sie kaum meiner Lieblingsbeschäftigung nachgehen, dem Geld verdienen. Ich müsste, etwa bei der Durchsetzung von Verträgen, auf Mafiamethoden wie Drohung, Erpressung und noch Schlimmeres zurückgreifen, und ich wäre diesen Methoden selbst ausgesetzt.

Die erste bekannte Gesetzessammlung, der Codex Ur-Nammu, stammt aus Mesopotamien und ist mehr als 4000 Jahre alt. Er legte die Strafen für Verbrechen wie Mord, Raub, Vergewaltigung oder falsche Anschuldigung fest. Außerdem regelte er wirtschaftliche Angelegenheiten wie Darlehen und Zinsen, die Miete für Ochsen oder ärztliche Behandlungskosten.

Der ursprüngliche Sinn der Gesetze bestand darin, den Bürgern eines Staates die Ausübung ihrer Freiheit zu ermöglichen. Bloß haben die westlichen Demokratien, besonders in den vergangenen zehn Jahren, bei der Gesetzgebung eine ungesunde Überaktivität entwickelt. Sie schaffen unaufhörlich neue Gesetze und Verordnungen. Es sind längst so viele, dass sie nicht einmal mehr die versiertesten Rechtswissenschaftler und Rechtsanwälte überblicken können.

Schätzungen zufolge gibt es auf EU-, Bundes- und Landesebene rund 500.000 Gesetze und Verordnungen. Wer alle lesen und verstehen wollen und dafür im Schnitt eine Minute pro Gesetz oder Verordnung investieren würde, wäre bei vierzig Lesestunden die Woche vier Jahre beschäftigt. Wäre er damit fertig, gäbe es schon wieder tausende neue Gesetze und Verordnungen.

Die westlichen Demokratien haben damit den ursprünglichen Sinn der Gesetze, ihren Bürgern die Ausübung ihrer Freiheit zu ermöglichen, aus den Augen verloren. Vielmehr bewirkt die Gesetzesflut das Gegenteil. Ein Kontrollstaat ist entstanden, der die Freiheit der Bürger unnötig einschränkt.

Diese Entwicklung hat zwei Hauptgründe.

Erstens. Das falsche Menschenbild des Staates.

Der Staat traut seinen Bürgern nicht zu, Entscheidungen zu treffen und zu verantworten. Er glaubt vielmehr, dass sie in allen Lebenslagen auf seinen Schutz und seine Hilfe angewiesen sind. Er glaubt, dass ihr idealer Lebensraum eine Art schallisolierter, klinisch sauberer und rund um die Uhr überwachter Arbeits- und Freizeitpark ist, in dem es für jede Lebenslage einen Hausordnungspunkt inklusive Sonderbestimmungen, Ausnahmen und Kontrollen gibt.

Wenn David mit Larry, seinem Jack Russell Terrier, spazieren geht, ist es grundsätzlich gut, dass Larry von Gesetzes wegen niemanden beißen darf. Der Staat müsste eigentlich sagen:

> *Sorge dafür, dass dein Hund niemanden beißt. Tut er es doch, erwartet dich folgende Strafe und du musst Schmerzensgeld in dieser und jener Höhe an das Opfer zahlen.*

Da der Staat David aber unter den Generalverdacht der Unfähigkeit stellt, begnügt er sich damit nicht. Er nimmt ihm lieber die Entscheidung, wie er andere vor dem ohnedies ganz lieben Larry schützen kann, ab. Zumindest versucht er es. Mit unzähligen Gesetzen und Verordnungen, die je nach Kommune anders ausfallen. Der Staat und die Kommunen versuchen damit zu erreichen, dass Larry erst gar nicht in die Lage kommen kann, jemanden zu beißen. Die Ideen des Staates und der Kommunen drehen sich dabei um die Hundemarke, die Hundeleine, die Hundesteuer, den Maulkorb, den Hundeführerschein, die Kategorisierung der Tiere nach Gefährlichkeit und die Einteilung besiedelten und unbesiedelten Gebietes in Hundegefahrenzonen.

Wie so etwas aussehen kann, zeigt die Stadt München. Sie hat im April 2013 ihre Hundegesetze verschärft. Hundebesitzer müssen dort nun ihre Hunde an die Leine nehmen, und zwar innerhalb des Altstadtrings und nur dann, wenn das Tier mehr als fünfzig Zentimeter Schulterhöhe misst. Auch in U-, S- und Trambahnen, in Bussen, sämtlichen Fußgängerzonen und verkehrsberuhigten Bereichen gilt der Leinenzwang.

Andere Verordnungen begrenzen dazu noch die erlaubte Höchstlänge der Hundeleine auf zwei Meter im öffentlichen Raum, beziehungsweise auf einen Meter in Menschenansammlungen, Einkaufsstraßen oder öffentlichen Verkehrsmitteln. Verstöße dagegen gelten als Ordnungswidrigkeit und kosten bis zu 50.000 Euro.

Manche Verordnungen sehen eine Leinen- und Maulkorbpflicht für Hunde vor, die auf einer Liste gefährlicher Rassen stehen. Dazu kommen Zucht- und Einfuhrverbote dieser Rassen, wobei die Listen nicht verbindlich sind. Hundehalter können ihren Pit Bull Terrier durch Nachweis seiner Gutmütigkeit als ungefährlich einstufen lassen. Ebenso kann die jeweilige Exekutive einen besonders wilden Chihuahua als gefährlich einstufen.

Der Kreisverwaltungsausschuss des Münchner Stadtrates bietet den Hundebesitzern, wie andere Kommunen auch, im Gegenzug zur Verschärfung der Hundegesetze eine Hundesteuervergünstigung an. Voraussetzung dafür ist, dass die Hundebesitzer einen Hundeführerschein haben. Doch welcher Hundeführerschein wo wie viel gilt, ist schwer zu sagen. Denn in

Deutschland stellen Prüfer Hundeführerscheine zum Beispiel nach den Richtlinien des Verbandes für das deutsche Hundewesen, des Berufsverbandes zertifizierter Hundeschulen oder des Berufsverbandes der Hundeerzieher und Verhaltensberater aus. Daneben gibt es landesspezifische Hundeführerscheine von Tierärztekammern, den von Hamburger und Schleswig-Holsteiner Behörden anerkannten Hundeführerschein der ARGE Hundeschulen oder den Hundeführerschein nach dem Augsburger Modell.

Ich hätte auch gerne einen Hund wie Larry, aber ich würde mir das nie antun. Jedes Mal, wenn ich die Sache durchdenke, komme ich zu dem gleichen Schluss. Als Städter, der hauptsächlich in Wien und Frankfurt arbeitet, müsste ich einen zusätzlichen persönlichen Mitarbeiter engagieren. Nur so könnte ich mit einem Hund alle Hundegesetze erfüllen, ohne die Aufmerksamkeit für mein Berufsleben zu verlieren. Außerdem würde ich mich ständig darüber ärgern, für wie unfähig mich der Staat hält, an den ich jede Menge Steuern zahle.

Zweitens. Das falsche Rollenbild der Politiker.

Schuld an der Gesetzesflut ist neben dem falschen Menschenbild des Staates das falsche Rollenbild der Politiker. Sie müssen jeden Tag ihre Existenz rechtfertigen. Mangels besserer Ideen tun sie das, indem sie neue Gesetze erfinden. Gesetzesvorschläge zu unterbreiten ist die einfachste Art, politisch aktiv zu sein. Politiker gießen zuerst ihre Weltanschauungen in halbwegs passende Gesetzesvorschläge. Sind sie damit fertig, beobachten sie das aktuelle Geschehen und die Gesetzgebung in anderen Staaten auf der Suche nach Anregungen. In Singapur zum Beispiel ist der unbedingte Schutz der Bürger vor Kaugummis am Straßenpflaster ein Thema. Der Verkauf von Kaugummi war dort von 1992 bis Mai 2004 gänzlich verboten. Mittlerweile ist er zwar gestattet, jedoch weiterhin stark eingeschränkt. Käufer müssen ihren Personalausweis vorweisen.

Im Paragraph 9 der „Allgemeinen Polizeiverordnung zur Aufrechterhaltung von Sicherheit und Ordnung auf öffentlichen Straßen und Anlagen und zur Abwehr von verhaltensbedingten Gefahren im Stadtkreis Mannheim" ist bereits geregelt, dass das Ausspucken von Kaugummis auf Straßen und in öffentlichen Grünflächen und Anlagen verboten ist.

Da ließe sich vielleicht noch mehr machen.

Hat sich ein Politiker zu einem Vorschlag entschlossen, stimmt er ihn mit seinen Gremien ab. Die sorgen dafür, dass aus einer ursprünglich vielleicht noch sinnvollen Idee ein verkorkster Kompromiss wird. Danach ruft der Politiker seinen Pressesprecher an. Der formuliert einen Pressetext. Mit etwas Glück bekommt der Politiker eine Schlagzeile, die ihm den Weg in die Fernsehdiskussionen ebnet.

> *Hund beißt Kind in Ohr. Jack Russell Terrier soll auf Liste der gefährlichen Rassen.*

Meist reicht ein Anlass, denn aus einer aktuellen Betroffenheit findet sich immer jemand, der applaudiert. Ein Haus brennt ab, also müssen neue Brandschutzbestimmungen her. Auch wenn das Haus in Wirklichkeit der Besitzer abgefackelt hat, um die Versicherung abzuzocken. Die Unfallstatistik hat sich verschlechtert, also müssen mehr Radarkontrollen her. Obwohl schon deren jüngste Aufstockung keine positiven Effekte mehr gebracht hat. Ein Terroranschlag hat Menschenleben gefordert, also muss noch mehr Flughafensicherheit her. Auch wenn der Anschlag gar nicht die Luftfahrt betroffen hat.

Wenn sonst nichts geht, geht immer ein Vorschlag für ein neues Ausländergesetz oder eine neue Steuer für Vermögende. Denn es gibt immer Menschen, die es entspannt, auf anderen herumzutrampeln, wenn sie selbst gerade schlecht drauf sind.

Zehntausende Politiker ticken in Europa so. Dann sitzt einer von ihnen im Gastgarten eines Cafés und liest Zeitung. Ein Hund bellt. Das nervt ihn, weil es abgesehen davon so ein entspannter Vormittag wäre. Er fragt sich, was an einem Bellverbot für Hunde falsch wäre. Schließlich hat es der österreichische Verteidigungsminister mit der Idee für ein Schreiverbot beim Bundesheer in die Schlagzeilen geschafft. Bellverbot geht nicht, sagen seine Gremien. Dafür lieben die Leute ihre Hunde zu sehr. Außerdem ist es schwer umsetzbar. Am Ende wird daraus eine komplexe Bellregelung mit Differenzierung nach Lautstärke und Listen für Hunde, deren Zucht und Import wegen besonders lauten Bellens verboten ist. Mit Ausnahmeregelungen für alle, die nachweisen können, dass ihr Listenhund selbst dann unter einer bestimmten Dezibelgrenze bleibt, wenn ihm jemand auf die Pfote steigt.

Während erste Sozialdemokraten über Schreiverbote für Babys und erste Liberale über Babyschreizonen nachdenken, verbreitet sich die Idee der Bellregelung für Hunde über ganz Europa. Die EU stört daran, dass jedes Land seine eigene Version entwickelt. Sie hat es gern einheitlich, was sie etwa beim Seilbahngesetz bewiesen hat. Sogar Berlin muss eines haben, obwohl dort der aus Trümmerschutt des Zweiten Weltkrieges aufgeschüttete Teufelsberg mit 120 Metern und der Große Müggelberg mit 114,7 Metern die höchsten Erhebungen sind. Dafür eine Seilbahn zu bauen wäre ungefähr so sinnvoll, wie für den Gemüseanbau am Balkon einen Traktor anzuschaffen.

Trotzdem zieht die EU ihr Ding durch. Im Falle der Bellregelung verabschiedet sie zum Beispiel eine Tiergeräuschsverursachungsrichtlinie. Dann muss irgendwann ein Waldbesitzer durch alle Instanzen bis zum obersten Gerichtshof gehen, will er nicht Strafe zahlen, wenn in seinem Wald ein Reh furzt.

Der Kontrollstaat schafft Dogmen

Die Hauptziele des Kontrollstaates hören sich gut an. Der Kampf gegen Terrorismus, Temposünder, Lärm, Raucher, Korruption und Diskriminierung zum Beispiel. Es ist gut, wenn es der Staat Terroristen erschwert, Flugzeuge zu entführen. Es ist gut, wenn er Autofahrern verbietet, durch Wohnstraßen zu rasen, und Fluglinien, mit Jumbos über Innenstädte zu donnern. Es ist gut, wenn er sich mit den gesundheitlichen Risiken für Aktiv- und Passivraucher befasst, gegen korrupte Politiker vorgeht und dafür sorgt, dass sich Frauen als Voraussetzung für einen Karriereschritt nicht von ihren Chefs begrapschen lassen müssen.

Das Problem ist die Unverhältnismäßigkeit des Staates beim Verfolgen diese Hauptziele. Er hat sie zu Dogmen erhoben, die wahre Kampfzonen eröffnen. In diesen Kampfzonen tritt er nicht mehr für, sondern gegen seine Bürger an. Deshalb muss ein Bürger, der im Flugzeug pinkeln will, unter Umständen zwei Formulare für den Fall unterschreiben, dass die Maschine dabei in die Luft fliegt. Deshalb betreibt die Exekutive eine völlig entfesselte Jagd auf Temposünder. Deshalb machen sich fünf Menschen, die mitten in der Nacht im Freien eine rauchen, womöglich der organisierten Kriminalität schuldig.

Die Gesellschaft ist durch die Dogmen des Staates unmerklich in einen Ausnahmezustand gekippt. Hätte sie sich nicht schon so sehr daran gewöhnt, würde sich dieser Ausnahmezustand beinahe wie ein vom Militär verhängter anfühlen, mit all seinen Konsequenzen für den persönlichen Bewegungsspielraum. Nur ist der Gegner nicht jemand, sondern etwas. Der Terrorismus. Das Schnellfahren. Das Rauchen. Die Diskriminierung. Der Lärm.

Das Pareto-Prinzip, benannt nach dem italienischen Ökonomen Vilfredo Pareto, besagt, dass sich 80 Prozent eines Zieles mit 20 Prozent des Aufwandes erreichen lassen. Danach beginnt die rote Zone. Wer auch die letzten 20 Prozent eines Zieles erreichen will, muss seinen Aufwand dafür verfünffachen. Will der Staat auch die letzten zwanzig Prozent seiner Hauptziele erreichen, bedeutet das unverhältnismäßig radikale Gesetze, unverhältnismäßig scharfe Kontrollen und einen unverhältnismäßig hohen Aufwand an Steuergeldern. Genau diesen Kurs schlägt der Staat ein. Achtzig Prozent seiner Hauptziele hat er schon erreicht.

Der Staat befindet sich bereits in der roten Zone und macht weiter.

Möglichkeiten hat er genug. Er kann verpflichtende Harntests für Flugreisende einführen, weil sie etwas getrunken haben könnten, das sich nach dem Ausscheiden zu einer Bombe verarbeiten lässt. Er kann die erlaubte Höchstgeschwindigkeit auf achtzig Stundenkilometer senken und alle, die hundert fahren, für ein halbes Jahr einsperren. Er kann gegen das Rauchen vorgehen wie die USA gegen den Alkohol in Zeiten der Prohibition. Die Frage ist nur, zu welchem Preis.

Denn die Dogmen des Kontrollstaates verlieren längst den Bezug zur Wirklichkeit. Dass zum Beispiel die Jagd auf Temposünder längst irrational ist, zeigt ein Vergleich mit anderen

Risikobereichen. Bei Haushalts- und Freizeitunfällen kommen dreimal so viele Menschen ums Leben wie bei Verkehrsunfällen. Trotzdem gibt es keine laufenden Razzien, bei denen Beamte kontrollieren, ob Haushaltsleitern standfest sind. Es gibt keine Verordnungen für die Bauart von Fenstern, die das Putzen sicherer machen würden, und es gibt keine Gesetze, die besagen, auf welche Art von Tischen ein Mensch zum Glühbirnentauschen steigen darf und auf welche nicht.

Die Verkehrssicherheit mag einen höheren Stellenwert haben, weil jedes Fehlverhalten eines Autofahrers andere Verkehrsteilnehmer in Mitleidenschaft ziehen kann. Doch das rechtfertigt nicht die fortschreitende Radikalisierung des Kontrollstaates in dieser Frage.

Vor dreißig Jahren hat die amerikanische Regierung zur Bekämpfung der Mafia ein Gesetz verabschiedet, dem zufolge die Polizei Autos, die bei Kapitalverbrechen wie Raub oder Mord im Einsatz waren, beschlagnahmen durfte. Heute darf zum Beispiel die italienische Polizei Autos schon dann beschlagnahmen, wenn ihre Fahrer vierzig Stundenkilometer zu schnell waren. In einigen Ländern Europas stehen auf Geschwindigkeitsübertretungen 5.000 Euro Strafe und mehr. Die Schweizer Exekutive kann ihre Bürger für dieses Vergehen seit 1. Juli 2013 sogar einsperren.

In Berlin und Wien diskutieren Politiker ein Tempolimit von 30 Stundenkilometern, obwohl bei diesem Tempo die meisten Autos lauter sind als bei 50, mehr Sprit verbrauchen, die Staugefahr steigt und die Geschwindigkeit in den Städten wieder auf die zu Zeiten der Pferdefuhrwerke zurückfällt. Inzwischen gibt es sogar Radarüberwachungen für Wasserfahrzeuge und Feldversuche für Geschwindigkeitskontrollen für Radfahrer und Rollerblader. Was als nächstes zu einer Registrierungspflicht für Radfahrer und Rollerblader führen würde, die dann eine Steuer oder Abgabe nahe legen würde.

Irgendwann wird ein Hundebesitzer Strafe zahlen, weil sein Border Collie, der von der Rasse her für 50 Stundenkilometer gut ist, in einer Wohnstraße einem Ball nachrennt, und ein Chip in seinem Ohr eine satellitengesteuerte Radarkontrolle auslöst.

Beim Dogma Korruptionsbekämpfung agiert der Kontrollstaat ebenfalls längst irrational. Schmiergelder, die Firmen im Ausland bezahlten, waren vor zwanzig Jahren noch von der Steuer absetzbar. Aufgrund der schlüssigen Überlegung, dass sie der eigenen Volkswirtschaft dienen. Erhält eine Firma durch Bezahlung von Schmiergeldern im Ausland einen Auftrag, zahlt sie im Inland Steuern und schafft Arbeitsplätze.

Die Frage nach der Integrität des eigenen Handelns und ihren Grenzen wäre legitim und zu diskutieren. Wer selbst besticht, kann nichts gegen Bestechung haben. Doch so hat sie niemand gestellt. Dass es inzwischen gegen Antikorruptionsbestimmungen verstößt, wenn ein Unternehmer einem Manager einer staatsnahen Firma zu Weihnachten eine Flasche Grünen Veltliner eines besseren Jahrgangs schenkt, zeigt, dass der Kontrollstaat auch hier nur noch unreflektiert ein Dogma durchsetzt.

Mittlerweile muss ich selbst bei meinen Geburtstagsfeiern aufpassen. Ich lege viel Wert auf große, gut organisierte Partys, zu denen jeweils rund 400 Gäste kommen. Ich kann nicht ausschließen, dass auch Amtsträger dabei sind. Trinkt so ein Amtsträger Mineralwasser, Orangensaft oder Coca-Cola, ist alles in Ordnung. Trinkt er aber mehrere Caipirinhas oder Manhattan Eistees, würde er ab einer bestimmten Stückzahl den in den Antikorruptionsbestimmungen festgelegten Wert überschreiten.

Beim Kampf gegen Terrorismus ist es genauso. Flugreisende müssen vor den Sicherheitsschleusen ihre Wasserflaschen abgeben, um sich dahinter zu überhöhten Preisen neue zu kaufen. Wenn ich aus Miami kommend in Frankfurt lande, muss ich mich nochmals vor den Sicherheitsschleusen anstellen, obwohl ich bereits die amerikanische Prozedur mit fünf Stempeln, zwei Nacktscannern und einer physischen Abgreifaktion hinter mich gebracht habe. Das Ganze, weil die EU die amerikanischen Sicherheitsbestimmungen nicht anerkennt. Dabei stammen die Geräte am Frankfurter Flughafen und die in Miami wahrscheinlich vom gleichen Hersteller.

Sicherer wird dadurch gar nichts.

Es profitieren bloß die Flughafenshops, die teure Wasserflaschen verkaufen können, die Flughäfen selbst, die Sicherheitsgebühren kassieren können, und die in London börsennotierte Smiths Group, die mit 23.000 Mitarbeitern Sicherheitstechnologie und -dienstleitungen verkaufen kann.

Sicherheitslücken gibt es trotzdem noch und es wird sie immer geben. Die Identität von jemandem, der online eincheckt und kein Gepäck aufgibt, kontrolliert auf Flügen innerhalb der Schengengrenzen niemand mehr. Dann müssen harmlose Reisende ihre Wasserflaschen abgeben, während statt einem friedlichen Herrn Max Huber, der online eingecheckt hat, jederzeit ein Spezialist für Flugzeugentführungen und Terroranschläge an Bord gehen kann.

In Zügen, etwa einem Eurocity, einem TGV oder einem Eurostar, die weitaus mehr Menschen als ein Flugzeug transportieren und damit ideale Ziele für Terroranschläge abgeben, gibt es auch keine Sicherheitshysterie.

Eine hundertprozentige Sicherheitsgarantie kann es nicht geben. Doch die Staaten würden dem Terrorismus sicherlich einen großen Teil seines Nährbodens entziehen, würden sie Unterdrückung und Unfreiheit beseitigen, die Wahrung der Menschenrechte für alle durchsetzen und sich bewusst machen, dass Gewalt, so verständlich ihre Anwendung manchmal erscheinen mag, immer nur neue Gewalt verursacht. Darauf sollten sich die Staaten konzentrieren – nicht auf Wasserflaschen im Flugzeug.

Der Kontrollstaat erzieht seine Bürger

Hat der Kontrollstaat für jede Lebenslage Gesetze und Verordnungen geschaffen, ist er noch immer nicht zufrieden. Das beweist er etwa in der Kampfzone Rauchen. Es reicht ihm nicht, die Raucher mit Nichtraucherzonen in Parks oder an Stränden sogar unter freiem Himmel in immer engere Ghettos zurückzudrängen. Zusätzlich sorgt er dafür, dass jede Zigarettenpackung mit Schockbildern versehen ist. Die EU verschärft ihre Tabakrichtlinie in diesem Punkt laufend. Neben der Steuerbanderole bleibt für den Namen der Marke immer weniger Platz. Vorbild ist Australien. Dort bestehen Zigarettenschachteln künftig fast nur noch aus Schockbildern und Warnungen.

Ein bisschen Aufklärung ist schon in Ordnung.

Rauchen hat ohne Zweifel unangenehme Nebenwirkungen. Herzinfarkt, Lungenkrebs, Raucherbein und so weiter. Es verfärbt Zähne und Finger und verpestet die Luft. Bloß geht es dem Kontrollstaat inzwischen nicht mehr um Aufklärung.

Die legitimen Vorhaben, Konsumenten besser zu informieren, einen Beitrag zu ihrer Gesundheit zu leisten und der mächtigen Tabakindustrie ihre Grenzen zu zeigen, sind nur noch Vorwand. Denn dass Zigaretten außerordentlich ungesund sind, weiß inzwischen jeder.

Die Frage ist, worum es dem Kontrollstaat wirklich geht. Die Antwort ist einfach. Es geht ihm um Erziehung. Der Staat agiert inzwischen wie eine Erziehungsanstalt, die alle Bürger als Insassen betrachtet und in jeden ihrer Lebensbereiche eingreift.

Dass sich seine Erziehungsmaßnahmen nicht auf das Rauchen beschränken, ist auch klar. Als nächstes wird er sie auf Lebensmittel ausweiten.

Limonaden und Triple-Burger sind auch ungesund.

Der New Yorker Bürgermeister wollte bereits die Bechergröße für stark zuckerhaltige Softdrinks begrenzen. Er ist nur knapp damit gescheitert, aber ich wette, dass sich dutzende europäische Politiker die Forderung vorgemerkt haben und sie früher oder später stellen werden. Der Kontrollstaat ist bereit, bei der Erziehung seiner Bürger sehr weit zu gehen. Lehrer dürfen Schüler, die ihnen nicht artig genug erscheinen, zum Schulpsychologen schicken, und die Exekutive darf in vielen Ländern Schnellfahrer zum Verkehrspsychologen schicken. Jemand verletzt Regeln, also ist er wahrscheinlich psychisch gestört oder zumindest labil. Eine Schlussfolgerung, die ein Staat, der ein respektvolles Menschenbild pflegt, so nie ohne Weiteres ziehen würde.

Ein bisschen Psychologie hat noch keinem geschadet.

Die Wahrheit ist, dass sich hinter dieser Idee eine der dunkelsten Seiten des Kontrollstaates verbirgt. Maßt er sich einmal an, per Gesetz auf die Psyche von Bürgern zuzugreifen, fallen Grenzen. Denn aus dem Psychologen wird im nächsten Schritt ein Psychiater und aus dem Psychiater die Zwangspsychiatrie.

Der Kontrollstaat nimmt sich schon jetzt das Recht, seine Bürger zwangsweise zu psychiatrieren. Ein psychologisches Gutachten über auffälliges Verhalten kann reichen, um einen Bürger in eine geschlossene Anstalt zu bringen, wo ihn

Ärzte gegen seinen Willen mit bewusstseinsverändernden Psychopharmaka, Elektroschocks oder psychiatrischer Chirurgie behandeln dürfen.

Wenn es schlecht für so einen Bürger läuft, kommt er nie wieder heraus, obwohl die Gutachten, die dem zugrunde liegen, oft von mangelhafter Qualität sind – und nie der letzte Schluss sein können, weil die Psychiatrie keine exakte Wissenschaft ist. Studienautoren haben gesunde Menschen mit einer falschen Diagnose zu Psychiatern geschickt, von denen keiner gemerkt hat, dass die vermeintlichen Patienten in Wirklichkeit gesund waren. Gemerkt haben das nur die anderen Insassen der psychiatrischen Klinik.

Erst im Frühjahr 2013 hat die EU darauf hingewiesen, dass psychiatrische Zwangsbehandlungen ein Verstoß gegen die Menschenrechte sind. An der Praxis hat das bisher nichts geändert. Der Kontrollstaat lässt sich dieses Disziplinierungsinstrument nicht so leicht nehmen. Im Gegenteil. Er wird es ausbauen.

Dann landet irgendwann ein unhöflicher Flugpassagier oder ein notorischer Temposünder hinter den Gittern der Zwangspsychiatrie, und jedes Mal, wenn er eine Pflegerin anschnauzt, erhöht ein Psychiater seine Medikamentendosis. Bis er so kaputt ist, dass er im normalen Leben tatsächlich nicht mehr zurecht kommen würde.

Die Privatsphäre ist dem Kontrollstaat egal

Die amerikanischen Behörden verstehen überhaupt keinen Spaß, wenn Privatpersonen die Privatsphäre anderer verletzen. Das haben sie in Steubenville im US-Bundesstaat Ohio bewiesen. Dort ging der damals 26-jährige IT-Mann Deric Lostutter im Frühjahr 2013 zur Tür, weil es geläutet hatte. Er erwartete den Botenfahrer eines Paketdienstes, doch als er öffnete, sprangen zwölf Swat-Agenten in voller Montur aus einem Lieferwagen und zielten mit entsicherten M16-Sturmgewehren auf seinen Kopf. „Get the fuck down", schrien sie Lostutter an, der sich keines Unrechtes, das einen dermaßen heftigen Polizeieinsatz gerechtfertigt hätte, bewusst war.

Den Grund dafür erfuhr er wenig später. Er hatte seine IT-Kenntnisse genutzt, um mit Mitgliedern des Anonymous-Kollektivs gegen die Vergewaltiger einer 16-jährigen aus seiner Heimatstadt vorzugehen. Gemeinsam kaperten sie die Internetseite der Täter und stellten Tweets online, in denen die Täter sich über ihr Opfer lustig gemacht hatten. Lostutter und seine Mitstreiter hatten die Täter aufgefordert, sich bei ihrem Opfer zu entschuldigen. Lostutter droht bis zu zehn Jahre Haft für die Hackerattacke. Die Vergewaltiger erhielten ein Jahr beziehungsweise zwei Jahre.

Geht es um ihre eigenen Interessen, legen die USA und Europa in Sachen Privatsphäre einen ganz anderen Maßstab an, wie die von Edward Snowden aufgedeckten Spähprogramme der Geheimdienste beweisen. Relativ ungestraft, wie sich gezeigt hat. Obwohl die NSA tausendfach ihre Kompetenzen überschritten hat, reichten ihr ein paar Entschuldigungen. Die Betroffenheit blieb oberflächlich.

Da müsste doch jemand einen Film draus machen.

Der Generation, die nach der Entstehung des Internets geboren wurde, waren die Spähprogramme egal, weil sie schon in dem Bewusstsein sozialisiert worden war, dass ohnedies jede Kommunikation öffentliche Kommunikation ist. Den älteren Generationen war es egal, weil sie gelernt hatten, dass sie gegen die da oben sowieso nichts ausrichten können.

„Wenn ich in Ihre E-Mails oder in das Telefon Ihrer Frau hineinsehen hätte wollen, hätte ich nur die abgefangenen Daten aufrufen müssen. Ich konnte Ihre E-Mails, Passwörter, Gesprächsdaten und Kreditkarteninformationen bekommen", sagte Snowden. In so einer Welt, sagte Snowden, wolle er nicht leben. Doch diesen Gedanken lässt kaum jemand zu.

Ich will es gar nicht so genau wissen.

Die Mehrheit fügt sich in das scheinbar unabänderliche, erhält sich durch Wegsehen zumindest eine Illusion von Privatsphäre und klammert sich an die beschwichtigenden Worte der verantwortlichen Politiker. Dabei hätte ihnen von jenen Barack Obamas anlässlich des Auffliegens des NSA-Skandals erst recht schlecht werden müssen. Unternehmen, meinte Obama dabei unter anderem, würden beim Datensammeln noch viel weiter gehen als der amerikanische Staat.

Ich bin nicht wichtig genug.

Das stimmt damit endgültig nicht mehr. Denn Konsument

ist jeder, und werden Informationen einmal erfasst und strukturiert abgespeichert, sind sie irgendwann auch öffentlich. Das ist nur eine Frage der Zeit. In jeder Behörde gibt es jemanden, der korrupt oder schlampig ist, oder einfach gerne redet. Im August 2013 berichtete das Nachrichtenmagazin *Spiegel*, dass das Apothekenrechenzentrum VSA Patientendaten verkaufte. Dies zwar verschlüsselt, womit die Sache legal wäre, bloß war die Verschlüsselung leicht zu knacken. Auf diese Art konnten hoch vertrauliche Patientendaten theoretisch an Pharmakonzerne oder Marktforscher gelangen, oder an jeden anderen, der sie haben wollte. Preis pro Datensatz: 1,5 Cent. Wenn es nicht einmal die amerikanischen Geheimdienste schaffen, Informationen geheim zu halten, schaffen es auch andere Behörden nicht, und schon gar nicht Konzerne. Irgendwann weiß dann jeder, der die richtige Funktion hat, genug für die Information bezahlt oder eine Plaudertasche besoffen macht, in jeder Hinsicht über jeden Bürger besser Bescheid, als dieser über sich selbst.

Wie egal der EU die Privatsphäre ist, hat sie auch schon bewiesen. Nicht nur bei der Beteiligung an amerikanischen Spähprogrammen. Zuletzt etwa bei der Abschaffung des Bankgeheimnisses. In Deutschland können schon seit 2005 staatliche Stellen auf die Daten aller Bankkunden zugreifen, und zwar ohne richterliche Erlaubnis. Auch ein konkreter Verdacht auf eine strafbare Handlung ist nicht nötig. Die Exekutive informiert die Kontoinhaber nicht einmal über die Abfragen. Sie holt sich einfach, was sie braucht. Die Banken müssen dafür eigene Dateien mit den Kontostammdaten führen. Sie speichern dort die Kontonummer, das Eröffnungs- und Auflösungsdatum sowie die Namen und die Geburtsdaten der Verfügungsberechtigten. Gerichte, Staatsanwaltschaften, die Polizei, Finanzämter, Zollfahnder und Sozialversicherungen können darauf zugreifen. Außerdem Behörden, die für die Vergabe der Sozialhilfe, der Wohnraumförderung, der Ausbildungsförderung, des Erziehungsgelds und des Wohngelds zuständig sind. Seit 2013 können auch Gerichtsvollzieher Einblick nehmen.

In den vergangenen Jahren hat sich in Deutschland die Zahl der behördlichen Kontoabfragen zu Privatpersonen mehr als verdoppelt. Allein 2012 gab es einen Anstieg um 15,5 Prozent auf 72.000 Abfragen. Besonders neugierig sind die Finanzämter. Sie fragen nicht nur nach, wenn sie die Richtigkeit der Angaben auf einem Steuerbescheid anzweifeln. Auch Schulden können sie so leichter eintreiben.

Bisher erhalten die Behörden nur Auskunft über die Stammdaten. Doch es ist nur noch ein kleiner Schritt bis zur staatlichen Einsichtnahme in Kontostände und -umsätze. Die Grenzen lösen sich bereits auf. Bei konkretem Verdacht auf Steuerbetrug und andere strafbare Handlungen müssen die Banken schon jetzt auch diese Informationen herausgeben. Entdecken Finanzämter oder andere Behörden Konten oder Wertpapierdepots, die der Eigentümer gegenüber dem Staat absichtlich oder unabsichtlich verschwiegen hat, besteht so ein konkreter Verdacht bereits.

Datenschützer haben sich vergeblich gegen diese Methoden gewehrt. Nach mehreren Klagen hat das deutsche Bundesverfassungsgericht entschieden, dass die Rechtslage verfassungskonform ist. Im Sinne einer europaweit einheitlichen Regelung hat die EU dafür gesorgt, dass 2013 auch ihre letzten Mitgliedsstaaten das Bankgeheimnis abgeschafft haben. Beim G8-Gipfel 2013, der in einem nordirischen Golfhotel der Luxusklasse stattfand, stand dann auch der internationale Austausch von Bankdaten einschließlich der Kontostände zur Diskussion.

Der Kontrollstaat greift in die Zukunft ein

Die Entwicklung von Legislative und Exekutive geht in eine eindeutige Richtung. Irgendwann wird der Kontrollstaat anfangen, Bürger für Vergehen zu bestrafen, die sie noch gar nicht begangen haben.

Phase eins. Der Staat schafft Gesetze und Kontrollen, um den Bürgern das Ausüben ihrer Freiheit zu ermöglichen.

Phase zwei. Der Staat schafft so viele Gesetze und Kontrollen, dass er die Freiheit der Bürger beschränkt.

Phase drei. Der Staat verhängt mit irrational gewordenen Gesetzen und Kontrollen für harmlose Regelbrüche unverhältnismäßige Strafen.

Phase vier. Der Staat bestraft Bürger, die auf Basis seiner von Computern analysierten Verhaltensweisen und Verhaltensprognosen Regelbrüche begehen könnten.

Phase vier mag absurd klingen, ist aber näher, als viele denken. Sie wird durch die Lesbarkeit von Menschen durch Computer möglich. Die amerikanische, auch in Europa tätige Firma Cataphora etwa, beobachtet und analysiert das individuelle Verhalten von Menschen in Firmen und Organisationen, indem sie millionenfach E-Mails mit computergestützten Methoden des „Data-Mining" auswertet. Mit dem Wissen der Psychologie, Linguistik und Spieltheorie kann Cataphora damit einiges über Menschen sagen, das sonst verborgen bliebe. Zum Beispiel, ob sie loyal sind. Dann werden Mitarbeitern Verträge nicht mehr verlängert oder sie verlieren ihre Jobs, ohne selbst eine Ahnung zu haben, warum. Irgendein Programm wollte es so.

Theoretisch könnte sich auch der Kontrollstaat solcher Möglichkeiten bedienen und Menschen, die bestimmte Parameter aufweisen, zum Beispiel als potenziell gefährlich einstufen. Damit genügt irgendwann ein Knopfdruck in einer Sicherheitszentrale um zu bewerten, ob ein Bürger „normal" ist und seiner Wege gehen kann, oder ob er „auffällig" ist und zum Psychologen oder in die Zwangspsychiatrie muss.

Die Daten, die der Kontrollstaat dazu benötigt, stehen ihm durch Ausspähprogramme wie das von Edward Snowden publik gemachte „Prism" der NSA längst zur Verfügung. Der Kontrollstaat kann, wenn er will, schon jetzt auswerten, wer mit welcher Wahrscheinlichkeit in Zukunft Regeln brechen wird.

Dann ziehen die Behörden den Führerschein eines Bürgers ein, bloß weil er das falsche Auto mit der falschen Farbe fährt, in der Vergangenheit einen losen Umgang mit Regeln an den Tag gelegt hat, seine Wortwahl beim Verfassen von Mails bestimmte Signale auslöst und ihn auf seiner Facebook-Seite ein Foto im Suff mit Freunden zeigt.

Wer jähzornig ist und sich in systemkritischen Chatrooms aufhält, vielleicht gelegentlich bei aljazeera.com reinschaut, und noch ein paar andere Parameter erfüllt, bekommt dann automatisch Flugverbot und landet auf einer schwarzen Liste von Personen, die bei erhöhter Alarmstufe in Sachen Terrorgefahr keine Großveranstaltungen wie Städtemarathons oder Rockkonzerte besuchen dürfen.

Wenn sich so ein Bürger dann auch noch via Google für Schusswaffen interessiert hat und seine Reisedaten bestimmte Auffälligkeiten ergeben, wacht er eines Tages davon auf, dass ein Spezialteam in schwarzen Uniformen seine Tür eintritt. Auch wenn er in Wirklichkeit ein Mensch mit pazifistischer Grundeinstellung, einem breiten Horizont und einer arabischen Freundin ist, der ab und zu für Krimis recherchiert, die er in seiner Freizeit schreibt.

Ergeben die Kredit- und Kundenkartendaten so eines Bürgers, dass er gerne bei McDonalds isst, im Supermarkt fette Wurst, Schokolade und Kaffee kauft, Alkohol trinkt und raucht, zahlt er in Zukunft vielleicht automatisch höhere Beiträge für die Krankenversicherung – oder er bekommt gar keine mehr.

Werden persönliche medizinische Daten allgemein zugänglich, hat das überhaupt katastrophale Folgen. Dann bekommt ein Bürger mit mehreren Krebsfällen in der Familie auch keine Krankenversicherung oder keinen Job mehr. Irgendwann markieren dann die elektronischen Partnerbörsen für Premium-Mitglieder Männer mit Anzeichen von Impotenz oder Frauen, die schon einmal psychische Probleme hatten.

In so einer Welt will ich nicht leben.

Der Kontrollstaat macht Bürger zu Kontrollbürgern

Das Spitzelwesen, das der Kontrollstaat zum Beispiel über Verpetz-Plattformen etabliert hat, wird dank moderner Technik in Kürze effizienter sein, als es das der DDR-Führung je war. Eine Berliner Firma zum Beispiel stellt für Kunden wie deutsche Kriminalämter oder das österreichische Justizministerium ausgefeilte Verpetz-Plattformen her. Auf solchen Plattformen können Bürger ihre Mitbürger anonym anschwärzen. Die Hinweisgeber legen eine Post-Box an, über die sie mit der Exekutive kommunizieren können. Eine Rückverfolgung der IP-Adresse ist laut Hersteller nicht möglich.

Die Plattformen geben Benützern zusätzliche Sicherheitshinweise. Sie sollen keine Daten angeben, die Rückschlüsse auf ihre Identität zulassen, keine Anlagen wie Fotos oder PDF-Dokumente mitschicken, weil die verräterische Metadaten enthalten, und keine Intranetverbindungen im Büro nutzen, weil ihr Arbeitgeber angesteuerte Seiten protokolliert. Damit können Bürger völlig anonym anderen Bürgern die Behörden auf den Hals hetzen und ihnen Hausdurchsuchungen und Gerichtsverfahren anhängen.

Die Pläne des Kontrollstaates bei der massenweisen Erziehung von Bürgern zu einer modernen Form von Hilfs-Sheriffs gehen längst über solche Verpetz-Plattformen hinaus. So war die österreichische Innenministerin im Mai 2013 in den USA, um sich im New Yorker Police Department NYPD über etwas zu informieren, das sich in den Medien hinterher als „Bürgerbeteiligungsmodell“ in Sachen Sicherheit wiederfand. Österreichische Bürger sollen dabei nach amerikanischem Beispiel die Möglichkeit erhalten, mit privaten Videoaufzeichnungen auf Gesetzesverstöße von Mitbürgern hinzuweisen. Ziel sei es, die Bevölkerung mehr in die Ermittlungsarbeit der Polizei einzubeziehen und die Interaktion zwischen Exekutive und Bürgern zu verstärken, erklärte die Ministerin.

Klingt doch gut.

Ein Vorläuferprojekt befand sich zu diesem Zeitpunkt in Österreich schon in der technischen Umsetzung. Die Exekutive kann dabei nach Zustimmung eines Richters kurzfristig auf alle Daten zugreifen, die Kameras der Österreichischen Bundesbahnen liefern. Der Zeitpunkt für die Ausweitung der staatlichen Überwachung auf private Kameras war zudem besonders günstig. Denn die ganze Welt hatte gerade mitverfolgt, wie die Polizei den Anschlag beim Boston-Marathon anscheinend mit Hilfe von privaten Videos geklärt hatte.

Die Möglichkeiten vor allem der New Yorker Polizei bei der Nutzung privaten Videomaterials sind für jeden Kontrollstaat verführerisch. Dort haben zehntausende Kameras praktisch jeden Zentimeter der Stadt im Blick. Knapp zwei Drittel dieser Kameras gehören Privatpersonen. Eine unerschöpfliche und dabei kostengünstige Überwachungsmöglichkeit.

In der letzten Ausbaustufe bedeutet sie, dass jeder Bürger selbst bei jeder Handlung innerhalb seiner eigenen vier Wände überlegen muss, ob sie allen Gesetzen und Verordnungen entspricht, weil er nie ganz sicher vor missgünstigen Nachbarn und deren Handykameras oder einer Videokamera des Hauseigentümers auf den Fluren sein kann. „Big brother is watching you" ist dagegen harmlose Nostalgie. Das Lebensgefühl prägt dann eine andere Erkenntnis.

Irgendjemand sieht dich immer.

Irgendjemand, gegen den „Big Brother" noch irgendwie nett war.

Irgendwann leben so alle in Angst. Zu Recht. Denn erzählt ein Bürger im Suff, dass er sich in seinem Wagen einen Radardetektor einbauen hat lassen, muss er befürchten, dass diese Information ein anderer Bürger, den er nicht auf sein Bier einladen wollte, mit seinem Handy mitschneidet und das Video mit ein paar Klicks anonym den Behörden übermittelt.

Die Entwicklung geht in Richtung Verpetzen gegen Geld. Hier folgt Europa ebenfalls amerikanischen Beispielen. So honoriert die amerikanische Exekutive im Rahmen der „Crime Stopper Initiative" anonyme Tipps aus der Bevölkerung mit bis zu 2.000 US-Dollar. Die amerikanische Börsenaufsicht SEC und das Finanzamt beteiligen Informanten mit bis zu 30 Prozent an den Geldbußen für Konzerne, die sie verpetzt haben. Dem früheren UBS-Banker Bradley Birkenfeld bezahlten die USA gleich 104 Millionen US-Dollar für den entscheidenden Tipp, wie die UBS reichen Amerikanern geholfen hatte, Geld am Fiskus vorbeizuschleusen.

Es funktioniert. Allein in den vergangenen vier Jahren ist die Zahl der gemeldeten Fälle in den Vereinigten Staaten um 276 Prozent gestiegen. Klar, dass nun auch die EU-Kommission darüber nachdenkt, Informanten mit Geldprämien zu ködern. Im Rahmen einer neuen Regel zur Bekämpfung von Kapitalmarktverbrechen wie Insiderhandel oder Marktmanipulation hat sie laut Zeitungsmeldungen bereits eine entsprechende Verordnung entworfen.

Die Wirtschaft hat vorsorglich protestiert. Unter anderem deshalb, weil solche Methoden das Vertrauen zwischen Arbeitgebern und Mitarbeitern stören. Doch die Proteste waren zweifelhaft, weil die großen Konzerne selbst ein internes Spitzelwesen etablieren. Zu den Kunden der Berliner Firma, die gute Geschäfte mit intelligenten Spitzel-Seiten macht, gehören neben Justizministerien und Kriminalämtern auch Konzerne. Bei der Telekom Austria zum Beispiel, Österreichs Telefon-Marktführer, heißt die Spitzel-Webseite schlicht „Tell me". Womit nicht nur das Vertrauen zwischen Arbeitgebern und Arbeitnehmern zerstört ist, sondern auch das der Arbeitnehmer untereinander.

Bei Bürgern, die keine Lust haben, sich als Hilfs-Sheriffs instrumentieren zu lassen, hilft der Staat ein bisschen nach. Er macht sie einfach per Gesetz dazu.

Smoking or permitting others to smoke is a criminal offense.

Das gibt es in vielen Bereichen. Wenn ein Steuerberater vermutet, dass einer seiner Klienten Steuern hinterzieht, muss er ihn verpetzen. Gleiches gilt für einen Notar, der vermutet, dass bei einem Immobilienkauf etwas nicht in Ordnung ist, oder für eine Bank, die vermutet, dass ein Kunde Geld vor Gläubigern, oder, bei einer Scheidung, vor seiner Frau versteckt.

Irgendwann müssen Bürger in Wahrnehmung ihrer Pflichten als Kontrollbürger gelegentlich ein paar Freunde anzeigen, weil sie vermuten, dass die Prüfplakette auf ihrem Auto abgelaufen ist, sie ihren Hund an einer zu langen Leine führen oder sie ihre Haushaltshilfe schwarz bezahlen.

Tut mir leid, ich halte mich nur an das System.

Der Kontrollstaat macht Konzerne zu Kontrollkonzernen

Ich kenne einen großen, dicken Bayern, der gerne isst, trinkt, feiert und vögelt. Er ist ein sehr guter Verkäufer, weil er auf Menschen eingehen kann, ihre Bedürfnisse versteht, kommunikativ ist und Handschlagqualität hat. Vor ein paar Monaten kamen ihm die Reiserichtlinien des Konzerns, bei dem er arbeitet, in die Quere.

Er war es gewohnt, zu fliegen, wohin er wollte, und hinterher Ergebnisse zu präsentieren, die alle überzeugten. Bis ihn ein Kollege verpetzte, weil er beruflich angesammelte Frequent-Flyer-Meilen privat genutzt hatte, ohne sich dabei viel zu denken. Die Verhaltens-Abteilung des Konzerns forderte ihn auf, das künftig zu unterlassen und außerdem, entgegen seiner bisherigen Gewohnheiten, die für Dienstreisen vorgesehenen Formblätter korrekt auszufüllen.

Was soll die Scheiße?

Er bekam einen kleinen Wutanfall. Der machte ihn zusätzlich verdächtig. In einem ernsten Gespräch forderte ihn die Verhaltens-Abteilung auf, auch besser auf sein Äußeres zu achten. Sein Gewicht war aufgrund der Antidiskriminierungsregeln der Firma kein Thema, dafür sein häufiger Verzicht auf Krawatten, und das eine hatte mit dem anderen zu tun. Weil er so dick war, schnitten ihn Krawatten am Hals ein.

Er bekam noch einen Wutanfall.

Der Kollege, der ihn verpetzt hatte, witterte Morgenluft. Er präsentierte der Verhaltensabteilung, wieder anonym, die detaillierte Zusammenfassung eines Wochenendtreffens des Bayern mit einigen Kunden auf seinem kleinen Landgut. Er hatte mit seinen Kunden dort Dinge getan, die auf einem Landgut eben Spaß machen. Quad und Traktor fahren, Holzhacken und so weiter. Am Abend etwas trinken. Ein paar Damen waren auch dabei gewesen.

Das Treffen war für den Konzern erfolgreich verlaufen. Den Kunden hatte es gefallen. Die körperliche Betätigung hatte sie erfrischt und zu neuen Abschlüssen inspiriert. Was die Verhaltensabteilung nicht davon abhielt, sich die Sache näher anzusehen. Sie schrieb einen Bericht darüber.

Hätte sich der Bayer angestrengt, hätte er das Wochenende auf seinem Landgut auf zehn, allerhöchstens fünfzehn Seiten beschreiben können. Die Verhaltensabteilung konnte das besser. Ihr Bericht hatte 105 Seiten. 105 Seiten, auf denen stand, wie gefährlich die Vergnügungen der Herren gewesen waren und wie sehr das alles den Verhaltensregeln des Konzerns widersprochen hätte.

Ein paar Leute aus der Abteilung, die allesamt noch nie in ihrem Leben mit Kunden zu tun gehabt oder ein Geschäft gemacht hatten, recherchierten sogar, welchen Neigungswinkel die Wiesen rund um das Landgut hatten und bei welchem Neigungswinkel ein Quad kippt. Mehr als zwei Seiten widmeten sie dem Umstand, dass das Cockpit des Lada Niva, den der Bayer auf seiner Ranch nutzte, so eng war, dass sein Bauch am Lenkrad anstand. Fast drei Seiten schrieben sie über die mangelnde Umweltverträglichkeit des Fahrzeugs. Ein ganzes Kapitel widmeten sie dem Kuhfänger am zweiten Geländewagen des Bayern. Sie verwiesen darauf, dass die EU derartige Kuhfänger an Neufahrzeugen seit dem Jahr 2006 verboten habe, gestanden aber zu, dass der Geländewagen Baujahr 2005 war.

Drei Monate lang arbeiteten sie an dem Bericht. Drei für sie gute Monate lang. Denn in dieser Zeit hatten sie Gelegenheit, ihre Existenz zu rechtfertigen. Schließlich umfasste die Abteilung gleich fünfzig Mitarbeiter, deren einzige Aufgabe darin bestand, Verhaltensregeln festzulegen und ihre Einhaltung zu kontrollieren.

Derartige Verhaltensabteilungen bestimmen immer stärker das Geschehen in der Wirtschaft. Vor allem in großen Firmen, die niemandem mehr richtig gehören und die sich mehr oder weniger selbst verwalten, setzen sie sich durch. Sie normieren das Verhalten der Mitarbeiter – wer aus der Reihe tanzt, hat ein Problem.

Farbe und Form der Schuhe eines Mitarbeiters werden so irgendwann wichtiger sein, als seine Leistung. Menschen wie der dicke Bayer, die bisher auf ihre Leistung vertraut haben, sind auf einmal altmodisch. Als eigenständige Persönlichkeiten sind sie nicht besonders gut in dem, worum es jetzt geht. Immer dorthin zu laufen, wohin die Pfeile weisen.

Schuld an dieser Entwicklung sind die Gesetze, mit denen der Kontrollstaat die Handlungsspielräume der Unternehmen einschränkt. Davon gibt es besonders viele, und sie sind oft auch noch von schlechter Qualität. Denn die Beamten in den Ministerien, die sie entwerfen, sind überfordert. Es fehlt ihnen an Zeit, Kompetenz und, weil Lobbyisten und die EU mitreden, an Unabhängigkeit. So schaffen sie Gesetze, die kein Mensch mehr versteht.

Zu einiger Bekanntheit brachte es ein Deutsches Gesetz mit dem Namen „*Gesetz zu den Protokollen vom 12. Februar 2004 zur Änderung des Übereinkommens vom 29. Juli 1960 über die Haftung gegenüber Dritten auf dem Gebiet der Kernenergie in der Fassung des Zusatzprotokolls vom 28. Januar 1964 und des Protokolls vom 16. November 1982 und zur Änderung des Zusatzübereinkommens vom 31. Januar 1963 zum Pariser Übereinkommen vom 29. Juli 1960 über die Haftung gegenüber Dritten auf dem Gebiet der Kernenergie in der Fassung des Zusatzprotokolls vom 28. Januar 1964 und des Protokolls vom 16. November 1982*", kurz das „AtHaftProtparis2o4G". Ich weiß nicht, wer versteht, worum es da geht, aber es sind bestimmt wenige Menschen.

All diese unüberschaubaren und unverständlichen Gesetze führen dazu, dass jeder Bürger dem Staat ohnmächtig ausgeliefert ist. Die Exekutive braucht einen Bürger nur lange genug zu überwachen, um ein Gesetz zu finden, gegen das er verstößt.

In der Wirtschaft führt es dazu, dass mehr Manager und Unternehmer denn je vor Gericht landen. Sie können sich Klagen wegen Insolvenzverschleppung, unrichtiger Angaben in Prospekten, Fehlern in Pressemeldungen oder Verletzung von sozialversicherungsrechtlichen Melde- und Auskunftspflichten, falscher Rechnungslegung, Verstößen gegen den Konsumentenschutz, gegen Antidiskriminierungsgesetze oder Einladungen der falschen Personen einhandeln. Beantwortet ein

Manager einem ehemaligen Kollegen eine Frage, kann ihm ein Verfahren wegen Firmenspionage drohen. Arbeitet der ehemalige Kollege inzwischen bei einer ausländischen Firma, ermittelt womöglich der Verfassungsschutz mit.

Potenzielle Kläger gibt es immer genug, sowohl außerhalb als auch innerhalb der Firma.

Dem zeigen wir es.

Ein paar Kollegen können einen Manager, den sie loswerden wollen, schon wegen einer fragwürdigen Kreditkartenabrechnung vor Gericht bringen. Sie gehen dabei kein Risiko ein. Die Staatsanwaltschaft ermittelt kostenlos und die Ermittlungen selbst sind für die Kläger ein Erfolg. Weiß ein ganzer Konzern oder womöglich eine ganze Branche von Hausdurchsuchungen bei einem Manager, ist er angeschlagen.

Irgendwas wird schon dran sein.

Richter und Staatsanwälte sind in Wirtschaftsfällen durch die Flut und die schlechte Qualität der Gesetze ebenfalls überfordert. Meist bleibt ihnen nichts anderes übrig, als Gutachter zu bestellen. Die Gutachter wissen es auch nicht so genau. Weil sie dafür bezahlt werden und nichts zu verlieren haben, kommen sie bei ihrer Auslegung trotzdem zu einem Ergebnis. Dieses Ergebnis bildet dann die Basis der Rechtsprechung. Womit vor allem Manager und Unternehmer Entscheidungen von Gerichten und Gutachtern ausgeliefert sind, deren Interpretation der Gesetze und Verordnungen vollkommen unvorhersehbar ist. Die Rechtsprechung, die nach den Kriterien der Objektivität und der Gerechtigkeit das friedliche

Zusammenleben der Bürger sichern sollte, ist damit vor allem in der Wirtschaft auf dem Umweg über eine unüberblickbare Flut an Gesetzen und Verordnungen wieder zu einem Akt der Willkür geworden. Mit Strafen, die teilweise völlig unverhältnismäßig sind. Strafen für Steuervergehen können höher ausfallen als für Körperverletzungen oder Vergewaltigung.

Für die Unternehmen führt das zu einer absurden Situation. Für sie ist die Rechtssicherheit in westlichen Demokratien teilweise geringer als in Diktaturen. Regiert ein Diktator, haben Manager und Unternehmer, besonders wenn er über einen längeren Zeitraum regiert, Erfahrungswerte, auf die sie bauen können. Solche Erfahrungswerte können sein, dass der Diktator bei größeren Geschäften persönlich oder über seine Leute mitverdienen muss, dass sich Manager und Unternehmer in bestimmte Wirtschaftszweige nicht einmischen dürfen oder dass sie bestimmte Geschäfte nur mit bestimmten Firmen machen dürfen.

Im Kontrollstaat gibt es derartige verlässliche Werte nicht. Jeder Manager und jeder Unternehmer kann praktisch jederzeit vor Gericht landen, und wie der Prozess ausgeht, weiß niemand.

Das soll nicht heißen, dass diktatorische Systeme besser sind. Das sind sie nicht. Sie gehen mit Menschenrechtsverletzungen und Gewalt einher, sie schränken die Freiheit vieler Menschen ein. Der Vergleich zeigt aber die Absurdität der Entwicklungen.

Bestand früher das Hauptrisiko eines Managers oder eines Unternehmers bei einem Geschäft darin, dass es nicht aufgeht, besteht es heute darin, dass er ein Gesetz, eine Verordnung oder eine Verhaltensregel verletzt.

Deshalb florieren Managerhaftpflichtversicherungen, mit denen sich Führungskräfte zu schützen versuchen. Das Gleiche gilt für Directors & Officers-Versicherungen, mit denen Unternehmen ihre Führungskräfte zu schützen versuchen, und für Rechts- sowie Verhaltenskurse für Führungskräfte. Doch das reicht noch lange nicht. Unter dem Druck des Kontrollstaates haben vor allem große Firmen begonnen, sich zu verändern. Sie erlassen jetzt mit Hilfe hauseigener Verhaltensabteilungen ihre eigenen Regeln für Mitarbeiter, womit zum staatlichen Regelwerk auch noch ein privates kommt, das allen das Leben zusätzlich erschwert.

Zur Sicherheit gehen die Firmen bei ihren eigenen Regeln in einer Art vorauseilenden Gehorsams sogar noch weiter als es der Kontrollstaat verlangen würde. Die 38 Seiten umfassenden Bekleidungsvorschriften, an die sich Liljana an unserem verunglückten Abend in London so genau hielt, waren ein Beispiel dafür.

In vielen in Privatbesitz befindlichen Konzernen gelten schon ähnliche Ausschreibungsrichtlinien wie in staatlichen oder halbstaatlichen. Etwa was Ausschreibungen betrifft. In manchen Firmen müssen Mitarbeiter, um den Verdacht der Korruption erst gar nicht aufkommen zu lassen, eine Liste ihrer Weihnachtsgeschenke erstellen und alle, die einen bestimmten Wert überschreiten könnten, zurückschicken. Gut ist das nur für die Paketdienste.

Viele Firmen quälen ihre Mitarbeiter mit einer verbindlichen Besprechungskultur. Dabei ist Besprechungskultur ein klares Zeichen von Verblödung. Was sich in fünfzehn Minuten nicht klären lässt, lässt sich auch in zwei Stunden nicht klären. Dauert bei mir eine Besprechung länger als 15 Minuten, muss mich der Mitarbeiter, der daran schuld ist, hinterher zum Essen einladen und zwar in ein Haubenrestaurant.

Wie der Kontrollstaat erheben auch die Kontrollkonzerne ihre neuen unproduktiven Hauptziele zu Dogmen

Eines der Dogmen der Kontrollkonzerne besteht darin, dass Interessenkonflikte böse sind.

Das Wissen, das ein Mitarbeiter in einer Abteilung erworben hat, darf er in einer anderen nicht anwenden.

In den meisten Branchen, auch in der Finanzwirtschaft, ist durch Jobwechsel der Akteure und durch persönliche Beziehungen vieles miteinander verwoben. Dagegen anzukämpfen ist sinnlos. Trotzdem tun es die Kontrollkonzerne. Manager und ganz normale Mitarbeiter, die von möglichen Interessenkonflikten betroffen sind, müssen sich in langen Dokumentationen rechtfertigen und womöglich einen Rechtsgutachter beauftragen, der ihre Darlegung bestätigt. So muss dann bei einem One-Night-Stand eine Mitarbeiterin noch vor der Frage nach dem Kondom klären, ob ihre Partnerwahl den Verhaltensregeln ihres Arbeitgebers entspricht.

Ich kenne einen Unternehmensberater, der zwanzig Jahre lang erfolgreich als externer Dienstleister für eine Immobilienfirma arbeitete. Vor vier Jahren bekam seine Frau einen unbedeutenden Verwaltungsjob bei der Firma. Jetzt verordnete sich die Firma neue Verhaltensregeln, nach denen das einen Interessenkonflikt bedeutete. Nach zwanzig Jahren einer für beide Seiten erfolgreichen Zusammenarbeit verlor der Unternehmensberater den Auftrag und die Immobilienfirma einen ihrer besten Dienstleister.

In Wirklichkeit lassen sich solche Situationen nur mit Menschenverstand lösen, auf Basis der Einsicht, dass nicht jede Überschneidung von Interessen einen Konflikt bedeutet. Ein und dieselbe Person kann nicht in den Vorständen zweier miteinander konkurrierender Firmen sitzen. Das ist klar. Dass ein Vorstand mit einem anderen befreundet ist, darf hingegen kein Problem sein. So viel Intelligenz, dass die beiden einander beim Joggen keine Firmengeheimnisse erzählen, ist ihnen als Führungskräften zuzutrauen. Der Trend geht trotzdem dahin, dass die beiden nicht einmal mehr miteinander essen gehen dürfen oder zumindest hinterher einen zehnseitigen Bericht darüber erstellen müssen.

Die Kontrollkonzerne greifen mit ihren Verhaltensregeln in das Privatleben ihrer Mitarbeiter ein

Manche Konzerne formulieren ganz allgemein, dass ihr Verhalten den ethischen Standards der Firma zu entsprechen hat. Herauszufinden, was das genau bedeutet, bleibt den Mitarbeitern selbst überlassen und kann schwierig sein. Vielleicht reicht es, nicht besoffen in die Firma zu kommen und der Sekretärin des Chefs nicht auf den Hintern zu grapschen. Vielleicht widerspricht es aber auch den ethischen Standards der Firma, auf wilde Partys oder Musikfestivals zu gehen oder, wie der Bayer, das falsche Auto zu fahren.

Ein Bekannter von mir, der bei einem Baukonzern arbeitet, ist eng mit einem Mitarbeiter der Hausbank des Baukonzerns befreundet. Die beiden kennen sich seit Kindheitstagen. Sie stammen aus dem gleichen Ort, haben die gleiche Schule besucht und in der gleichen Stadt studiert. Mein Bekannter hat eine Vorliebe für gutes Essen, weshalb er seinen Freund gerne ins Restaurant einlädt oder selbst für ihn kocht und zwar mit allem Drum und Dran. Gänseleber und solche Sachen.

Das Ganze ist zu einem Fall für die Verhaltensabteilung des Baukonzerns geworden. Dies deshalb, weil mein Bekannter gemeinsam mit den aktuellen Verhaltensregeln auch ein Formular bekam, in dem er alle möglichen Auskünfte über seinen Umgang geben musste. Bei unvollständigen oder falschen Angaben hätten ihm Jobverlust und gegebenenfalls Schadenersatzklagen gedroht.

Also füllte er in dem für derartige Informationen vorgesehenen Fenster aus, dass er mit jenem Bankmitarbeiter befreundet sei. Die Verhaltensabteilung wollte es genauer wissen. Er berichtete wahrheitsgemäß von ihren gemeinsamen Essen, sowohl von jenen in Restaurants als auch von den privaten. Die in den Restaurants fand die Verhaltensabteilung in Ordnung, so lange sicher gestellt und belegt war, dass beide abwechselnd zahlten oder jeder seinen Teil der Rechnung zahlte.

Ein Problem stellten für sie die privaten Einladungen dar. Da kochte immer mein Bekannter. Die Verhaltensabteilung fand dafür schließlich eine aus ihrer Sicht äußerst kulante Lösung. Die Essenseinladungen an seinen Freund, den er schon aus Kindheitstagen kannte, wären weiterhin in Ordnung, beschied sie. Allerdings hätte er bei der Planung solcher Abende darauf zu achten, dass die Zutaten nicht zu kostspielig wären. Also Gänseleber nein, Wiener Schnitzel ja. Bei Thunfischsteak wäre es die Frage. Bei der Aussicht auf Jobverlust und Schadenersatzklagen dann lieber doch Spaghetti aglio e olio. Richtig gekocht und zubereitet können die auch lecker sein.

Manchmal greifen die Kontrollkonzerne mit konkreteren Regeln in das Privatleben ihrer Mitarbeiter ein. Der dicke Bayer zum Beispiel verlor seinen Job, als einer seiner Kollegen anonym dokumentierte, dass er privat regelmäßig im Puff war.

Ich verstehe, wenn Menschen Puffbesuche wegen der Nähe des Gewerbes zu Kriminalität und Ausbeutung von Frauen für sich ausschließen. Ich verstehe auch, wenn die Gesellschaft eine Diskussion darüber führt, ob und in welchem Rahmen

Prostitution legal sein soll. Doch wenn sich auch Firmen wie Erziehungsanstalten gebärden, die mit der Macht des Arbeitgebers ihre eigenen moralischen Maßstäbe durchsetzen, ist das eine Form von Freiheitsberaubung, die eine eigenverantwortliche Gesellschaft nicht dulden dürfte.

Mit derartigen Eingriffen in das Privatleben ihrer Mitarbeiter benehmen sich Firmen zunehmend wie Religionsgemeinschaften. Sie schaffen sich ihr eigenes Evangelium und weisen ihren Mitarbeitern und Geschäftspartnern den rechten Weg. Wer ihn nicht gehen will, wird exkommuniziert.

Jemanden wie Sie können wir hier nicht brauchen.

So eine Arbeitswelt hat es lange nur bei kirchlichen Organisationen wie der Caritas oder der Diakonie gegeben. Die stellten schon bisher den Anspruch an ihre Mitarbeiter, dass sie das Evangelium glaubwürdig zu leben hätten. Weil, wie Peter Neher, Präsident des deutschen Caritasverbandes, einmal meinte, Beruf und Privatleben „nicht zwei paar Schuhe" seien. Ein Argument, mit dem die Caritas die Entlassung einer Mitarbeiterin rechtfertigte, die nach einer Scheidung wieder heiratete. Und ein Argument, das mit den Kontrollkonzernen in der Privatwirtschaft angekommen ist.

Aus dem Kontrollstaat, den Kontrollbürgern und den Kontrollkonzernen ist ein Kontrollsystem entstanden

Zum Verständnis des modernen Kontrollsystems nützt ein Blick in die Siebzigerjahre des vergangenen Jahrhunderts. Damals waren Europa und die gesamte industrialisierte Welt in einer schwierigen Lage. Es gab den Ölpreisschock, 15 Prozent Inflation und 20 Prozent Arbeitslosigkeit in fast allen westlichen Ländern. In England herrschte ein Lebensstandard wie in der damaligen DDR, die Häuser waren mit Graffiti beschmiert, die deutsche RAF, die spanische ETA und die irische IRA verübten Terroranschläge, die ständigen Streiks führten dazu, dass Neuwagen schon rostig waren, bevor sie die Fabrik verließen. Irgendjemand streikte immer, entweder die Fluglotsen, das Zugpersonal oder die Busfahrer.

Die Steuersätze lagen teilweise bei siebzig bis achtzig Prozent und die Kriminalität wuchs. Weder in New York, noch in Paris, London oder Frankfurt waren die Straßen und die U-Bahnen nach Einbruch der Dunkelheit sicher. Frauen mussten selbst tagsüber Angst haben. Wer in den Siebzigerjahren zu Fuß in New York unterwegs war, war auch am hellen Tag gefährdet, ausgeraubt oder erschossen zu werden.

Alle Staaten waren hoch verschuldet, die USA durch den Vietnamkrieg. Dazu waren die Siebzigerjahre ein Jahrzehnt des schwachen Wirtschaftswachstums. Schuld daran war die Ölkrise sowie all die Energie, die der Westen in den kalten Krieg gegen den Osten fließen ließ. Flugzeuge mussten weite

Umwege fliegen und halb Europa war von der Außenwelt abgeschnitten. Es war eine Krise, vergleichbar mit der heutigen.

Als eine Art Höhepunkt dieser Ära musste die gesamte industrialisierte Welt in der Amtszeit des amerikanischen Präsidenten Jimmy Carter ihre bis dahin größte Blamage hinnehmen, als am 4. November 1979 nach einem Aufruf des Ayatollah Ruhollah Musavi Chomeini radikale Studenten die amerikanische Botschaft in Teheran für mehr als ein Jahr einfach besetzten und amerikanische Staatsbürger als Geiseln nahmen. Zum Glück schickten die Amerikaner Carter danach zurück auf seine Erdnussfarm.

Nach ihm kamen in den USA Ronald Reagan und in England Margaret Thatcher an die Macht. Sie wollten ihre Länder wieder in Schwung bringen. Das bedeutete Privatisierungen, Deregulierungen und drastische Steuersenkungen. Ein Kurs, der in den Achtziger- und Neunzigerjahren der industrialisierten Welt einen gewaltigen Aufschwung bescherte.

In den Sechziger- und Siebzigerjahren hatte es noch ein klares bürokratisches System mit Regeln in allen gesellschaftlichen Bereichen gegeben, in den Schulen ebenso wie in der Wirtschaft. Für die Bürger hatte das wenig Wohlstand und wenig Freiheit bedeutet. Nun fielen Handelshemmnisse, das Produktangebot wurde breiter und vieles wurde billiger. Ganz normale Bürger konnten sich Dinge leisten, von denen sie bis dahin nicht einmal träumen konnten. Reisen, Autos, Aktien – das alles war nicht länger ein Privileg der Oberschicht. Essen in Restaurants, Nachtleben, internationale Zeitungen: Der neue Wohlstand demokratisierte diese Dinge. Die Bonität der Länder stieg und die Kriminalität in den Großstädten sank. Die Stadtzentren wurden schöner, die Stadtregierungen bauten den öffentlichen Verkehr aus, die Straßen-, Schienen- und Flugverbindungen entwickelten sich, und nicht einmal die gewaltigen Summen, die Amerika und Europa nach wie vor in die Rüstung und in die Kriegsführung steckten, konnten etwas daran ändern.

Dazu kamen schließlich in der EU die Reisefreiheit und die gemeinsame Währung. Wer von Österreich nach Deutschland wollte, musste am Walserberg nicht mehr drei Stunden im Grenzstau stehen, und wer in Italien Urlaub machen wollte, konnte dort in seiner eigenen Währung bezahlen. Die EU baute bürokratische Hürden zwischen den Ländern ab. Ein deutscher Dachdecker konnte nun auch Dächer in Frankreich decken, alles Dinge, die sich positiv auf die Freiheit des Einzelnen und auf das Wirtschaftswachstum auswirkten.

Es war eine Zeit, in der Politiker und Konzerne vieles locker sahen, und teilweise sicher zu locker. So war am amerikanischen Bankensektor die Aufhebung der Trennung zwischen Kommerz- und Investmentbanken ein Fehler, der später mit schuld an der Finanzkrise 2008 war. Doch die industrialisierte Welt boomte, trotz aller Krisen, die es dazwischen immer wieder gab. Für die Menschen in Osteuropa, die davor in einem brutalen diktatorischen System mit Dauerüberwachung und hoch entwickeltem Spitzelwesen gelebt hatten, war der Unterschied besonders groß.

Bill Clinton war das finale Symbol für diese Ära der großen Freiheit. Er erwies sich auch in seinem Liebesleben als äußerst liberal, aber die eigentlich prüden Amerikaner verziehen ihm, weil er ein guter Präsident war. Er übergab seinem Nachfolger einen Budgetüberschuss und ein starkes, selbstbewusstes Amerika.

Doch dieser Nachfolger war George W. Bush. Der kam noch dazu erst durch eine Entscheidung des Obersten Gerichtshofes der USA an die Macht. Begründete Zweifel an einer korrekten Stimmauszählung im Bundesstaat Florida waren aufgetaucht, die einen knappen Wahlsieg durch Bushs demokratischen Gegenkandidaten Al Gore nahelegten. Der Oberste Gerichtshof verhinderte mit seinem Urteil eine neuerliche, genauere Auszählung. Bushs unglückseliges Wirken veränderte nach 9/11 das gesamte System.

Nicht mehr Wohlstand und Freiheit zählten von nun an, sondern Sicherheit und der Kampf gegen den Terrorismus. Anfangs glaubte die Regierung Bush vielleicht wirklich, den Terrorismus mit Gesetzen und Regelungen unter Kontrolle bringen zu können. Doch irgendwann begann sie, den Kampf dagegen als Vorwand zu benützen, um die Freiheit der amerikanischen Bürger, etwa durch die Möglichkeit zur Überwachung aller Telefonate und Banküberweisungen, dramatisch zu beschränken.

Vor der Ära Bush mögen einige Dinge zu nachlässig geregelt gewesen sein. Amerikanische Flughäfen haben die Passagiere teilweise wirklich schlampig kontrolliert. Dafür reichte es, fünf Minuten vor Abflug vor Ort zu sein. Heute dauert das Einchecken in einen amerikanischen Flieger zwei Stunden, kostenlose Bestrahlung per Nacktscanner inklusive.

Vor George W. Bush war die Freiheitsstatue das Symbol Amerikas. Seit Anfang dieses Jahrhunderts ist sie es nur noch auf dem Papier. Die wahren neuen Symbole Amerikas sind jetzt der Metalldetektor, der Verhaltensbeauftragte und der Verpetzer.

Bush behauptete, die Dauerüberwachung aller Bürger wäre Teil eines Kampfes gegen dunkle terroristische Mächte und damit zum Besten aller. Sie würde die Sicherheit gewährleisten. Damit machte er die Menschen der westlichen Welt zu Sklaven eines Wohlstandes, den er so gar nicht erhalten konnte. Denn Bush führte die USA mit dieser Politik in die wirtschaftliche Krise. Er zettelte Kriege an, machte Amerika in der Welt unbeliebt, trieb die Staatsschulden in die Höhe und schuf damit die Voraussetzungen für die Finanzkrise von 2008, die Amerika in die ganze Welt exportierte.

Seinem Nachfolger Barack Obama übergab Bush ein kaputtes Amerika. Obama führte im Prinzip fort, was Bush begonnen hatte, und Europa strengte sich an, alle Dummheiten nachzumachen und womöglich noch zu überbieten.

So ging es in der EU ursprünglich um Reisefreiheit, einen freien Markt, eine Annäherung der Kulturen und Dinge wie Studentenaustausch. Das hat sich geändert. Jetzt geht es in der EU um Freiheitsberaubung, totale Überwachung und Überregulierung. Europäische und nationale Obrigkeiten geben vor, was richtig und was falsch ist, und wer sich nicht daran hält, wird bestraft. Italien und Dänemark stellten das Prinzip der

Reisefreiheit wieder infrage und die EU-Kommission befasste sich mit Dingen wie einer zentralen Regelung dafür, was an Flughäfen erlaubt und was verboten ist, oder einer zentralen Verkehrssünderdatei.

Die EU schreibt nicht nur vor, wie stark Gurken und Bananen gekrümmt sein dürfen, wie dick Äpfel und wo Traktorensitze angebracht sein müssen. Sie entscheidet auch, welche Käserei ihren Schafkäse „Feta" nennen darf und welche nur „Käse in Salzlake gereift" auf die Packung drucken darf. Die EU zwingt Baufirmen zu „Vibrationsminderungsprogrammen" und Grenzwerten bei „Hand-, Arm- und Ganzkörperschwingungen" für Mitarbeiter, die Presslufthämmer bedienen.

In der Verordnung Nr. 2396/2001 verlangt sie, dass bei „Lauch und Porree der Güteklasse I mindestens ein Drittel der Gesamtlänge oder die Hälfte des umhüllten Teils von weißer bis grünlich-weißer Färbung sein muss". Außer, es handelt sich um Frühporree oder Frühlauch. Dann „muss der weiße oder grünlich-weiße Teil mindestens ein Viertel der Gesamtlänge oder ein Drittel des umhüllten Teils ausmachen".

Kollateralschäden nehmen die Brüsseler Bürokraten mit einem Schulterzucken in Kauf. Etwa, wenn sie das typisch deutsche Erfolgsmodell kleiner, ortsnaher Volks- und Raiffeisenbanken, die im Eigentum ihrer Kunden stehen, mit ihren abgehobenen Regelungen beschädigen. Der politisch verordnete Niedrigzins nagt an den Erträgen dieser Banken, weil sie Kundengelder nicht mehr so rentabel wie bisher anlegen können. Dazu kommen hohe Zusatzkosten durch neue aufwendige Regulierungen, härtere Liquiditätsvorschriften und eine Unvereinbarkeit des Modells mit den Plänen der EU für eine Bankenunion. Den Kunden der bisher so florierenden Genossenschaftsbanken, die keine Staatshilfe in Anspruch nehmen mussten, drohen deshalb einzig durch das Wirken der EU höhere Kreditzinsen, Filialschließungen und geringere Ausschüttungen auf ihre Anteile.

Europa setzt amerikanische Regel- und Kontrollideen mit einer Gnadenlosigkeit um, die jene der Amerikaner sogar noch überbietet. Etwa die zur Bekämpfung von Steuervermeidung. So dumm, ohne Rücksicht auf eigene Verluste vorzugehen, sind die amerikanischen Behörden nicht. Die sehen nicht so genau hin, wenn amerikanische Konzerne die Nutznießer von Vorgängen sind, die sie theoretisch verbieten könnten.

Die Amerikaner setzen selbst Regeln wie Basel III oder Basel IV im Bankenbereich, die sie als federführende Verhandlungspartner der Welt aufs Auge gedrückt haben, nur sehr schleppend um. In Delaware halten sich die Amerikaner ihre eigene Steueroase. 900.000 Einwohner hat der kleine Bundesstaat, und auf dem Papier 2,2 Millionen Firmen. Es kostet nur ein paar Dollar, einen Konzern steuerrechtlich dorthin zu transferieren. Auch prominente Firmen wie Apple, Coca Cola, Google oder Deutsche Bank arbeiten dort völlig legal. In Europa wäre das mittlerweile undenkbar.

Als eine der wenigen Erinnerungen an ihren ursprünglichen Zweck verbesserte die EU 2013 immerhin die Reisefreiheit für Hunde, Katzen und Frettchen. Selbst das tat sie ganz im Stil eines Kontrollsystems. Reisende mit Haustier kommen auch jetzt nur unbehelligt über die Grenze, wenn sie einen Tiere-Reisepass dabeihaben. Die Zahl der Hunde, Katzen oder Frettchen, die Reisende mitnehmen dürfen, hat die EU auch beschränkt. Es dürfen nicht mehr als fünf sein. Außer der Reisende kann mit einem Schriftstück belegen, dass er mit seinen Hunden, Katzen oder Frettchen zu einem Wettbewerb, einer Ausstellung oder einer Sportveranstaltung unterwegs ist.

Das Kontrollsystem ähnelt damit in Europa, aber auch in den USA, in seinen Auswirkungen immer mehr einem totalitären Staat. Bloß ist dieses Kontrollsystem eben nicht von einem Diktator oder einem Militärregime geführt, sondern von einem Regulierungs- und Kontrollapparat, auf den scheinbar keine Einzelperson mehr richtig Zugriff hat.

In den Sechziger- und Siebzigerjahren waren zwar die Zeiten schlechter, aber die Vorstellung von einer besseren Welt war noch eng mit dem Begriff Freiheit verbunden. Viele Menschen waren sogar bereit, dafür auf die Straße zu gehen. Inzwischen hat der Kontrollstaat die Botschaft, dass sich die Welt am ehesten mit immer neuen Gesetzen und Verordnungen verbessern lässt, durchgesetzt.

Das ist ihm nicht einmal besonders schwer gefallen. Die Globalisierung, der Strukturwandel von der Industrie- zur Informationsgesellschaft und die damit verbundenen raschen Veränderungen in allen Lebensbereichen haben ihm geholfen. Wenn nichts mehr so wie früher ist, scheinen Gesetze und Verordnungen vielen Bürgern etwas zum Anhalten zu bieten.

Die Mehrheit der Bürger ist froh, wenn ihnen in einer komplexen Welt jemand den Weg weist. Diese Mehrheit zieht sich freiwillig in die Position der Schutz- und Hilfsbedürftigen zurück. Sie denkt nicht mehr darüber nach, wie kurz sie den Hund in der Straßenbahn halten soll. Sie googelt lieber die geltenden Gesetze und Verordnungen und hält sich daran.

Selbst die mediale Auseinandersetzung mit dem Kontrollsystem beschränkt sich auf Tatsachenkrimis wie die Jagd der USA auf Wikileaks-Gründer Julian Assange oder „Prism“-Aufdecker Edward Snowden, und auf ein paar Anekdoten, die sich für gesellige Abende eignen. Zum Beispiel die über einen norddeutschen Gerichtsbeschluss, der sich mit der Verwesungsgeschwindigkeit von Leichen befasste.

Ein Witwer musste laut diesem Beschluss eine Platte vom Grab seiner Frau wieder entfernen, weil sie zu wenig Luft durchließ und damit die fristgerechte Verwesung der Leiche behinderte. Laut geltendem Gesetz hatte die Verwesung innerhalb von dreißig Jahren stattzufinden.

Durch die zu große, zu schwere und zu passgenaue Platte hätte sich dieser Prozess verzögert. „Das satzungsrechtliche Verbot der vollständigen Abdeckung von Grabstätten ist maßgeblich auf die Gewährleistung der Leichenverwesung innerhalb der Ruhezeiten gerichtet“, befanden die Richter. Das Verbot diene „allgemeinen Friedhofszwecken“.

Was denen wieder eingefallen ist.

Kopfschütteln. Das ist alles. Im vergangenen Sommer habe ich eine Gruppe von Radfahrern in der kleinen niederösterreichischen Gemeinde Kleinrötz die Köpfe schütteln gesehen. Kleinrötz liegt romantisch zwischen Feldern und sanften Hügeln im Weinviertel. Die Gemeinde kam auf die Idee, einen alten Feuerwehrteich in ein kleines Badebiotop umzuwandeln. Es ist hübsch geworden. Wasser plätschert, Seerosen blühen, im Sommer bietet es Erfrischung und ringsum gibt es eine kleine Liegewiese mit Schatten spendenden Bäumen.

Die Gemeinde scheint ihre Bürger allerdings für besonders unfähig zu halten. Zumindest legte das die Beschilderung des kaum 500 Quadratmeter großen Areals nahe. „Betreten und benützen auf eigene Gefahr. Eltern haften für ihre Kinder", stand auf einem Schild. Ein zweites Schild ging näher auf die Benutzung ein. „Baden verboten", hieß es dort. Ein drittes Schild wies darauf hin, dass aus hygienischen Gründen auf dem gesamten Areal keine Hunde zugelassen seien. Ein viertes Schild verbot in doppelter Ausführung das „Betreten der Pflanzenareale". Ein fünftes Schild erklärte, dass es aufgrund einer „behördlichen Überprüfung" verboten sei, „von der Brücke über dem Filterbecken" zu springen.

Sollte an jenem Nachmittag ein Gemeindevertreter in der Nähe gewesen sein oder das Areal mit einem Feldstecher kontrolliert haben, gibt es dort demnächst wahrscheinlich ein sechstes Schild „Nacktbaden verboten".

Verrückt.

Dass nicht die Gemeindeverwaltung von Kleinrötz sondern das ganze Kontrollsystem verrückt ist, darüber will niemand richtig nachdenken. Auch weil das Kontrollsystem geschickt immer so tut, als wäre es die von Gott geschaffene Welt, das Ultimative. Dabei ist es in Wirklichkeit nur eine Illusion, die allein dadurch, dass so viele an sie glauben, zu einer Art kollektivem Albtraum geworden ist – noch dazu zu einem, der nur von den Wenigsten als solcher erkannt wird.

Das Kontrollsystem macht vor keinem Lebensbereich mehr Halt

Auch in der Medizin befolgen Ärzte immer öfter nur noch Regeln, statt Menschen zu heilen. Ich habe bei einer ambulanten Behandlung in einem Krankenhaus einmal eine alte Dame gesehen, die stundenlang nichts zu trinken bekam, weil das ganze Personal zu sehr damit beschäftigt war, Patienten Formulare ausfüllen zu lassen und diese Formulare herumzutragen. Sie saß auf einem Plastikstuhl und wäre beinahe kollabiert, weil alle so sehr damit beschäftigt waren, alles richtig zu machen.

An den Universitäten ist es das Gleiche. Bei Diplomarbeiten geht es nicht mehr darum, wie neu ein Gedankengang ist und wie gut er ausgeführt ist, sondern vor allem darum, ob der Text in jeder Hinsicht geschlechtsneutral ist, und ob die Verfasser auch alles brav mit Quellenangaben vollgestopft haben.

Ein Trend, der inzwischen absurderweise sogar den Rücktritt von Politikern und Managern erzwingen kann, obwohl es über deren Qualität im Job rein gar nichts aussagt, wie genau sie bei ihrer Diplomarbeit Fußnoten geschrieben haben. Noch dazu in einer Zeit, in der noch nicht die Verwaltung des Vorhandenen sondern die Entwicklung des Neuen das Hauptziel war.

Das Kontrollsystem steht in seiner Entwicklung trotzdem noch immer erst am Anfang. Auch hier zeigt ein Blick auf den aktuellen Stand der Psychologie und Psychiatrie, wozu es in Zukunft fähig sein wird. Vom Bild des schutz- und hilfsbedürftigen Menschen geleitet, versucht das Kontrollsystem, sogar die

Gefühle der Bürger zu regeln und zu kontrollieren. Aggression, ein für Fortschritt und Veränderung wichtiger Teil des menschlichen Gefühlsspektrums, war als erstes Gefühl dran. Wer aggressiv ist, den stigmatisiert das Kontrollsystem als jemanden, der sich nicht unter Kontrolle hat, auch wenn es sich um eine gesunde und natürliche Form von Aggression handelt, die also die körperliche Unversehrtheit und die Würde anderer nicht verletzt.

Nur um Missverständnisse zu vermeiden: Ich lehne körperliche Gewalt ohne Ausnahme ab. Aber Aggression als Emotion ist ein wertvolles Gefühl. Es kann Antrieb sein, zu Höchstleistungen treiben, zu neuen Denkmustern. Aber heute ist es so: Wer sich immer artig an alle Regeln hält, darf sich als Gewinner fühlen. Das Weichei schweigt und gehorcht. Wer aufschreit, ist ein Verlierer, und mit einem Verlierer will niemand etwas zu tun haben.

Derzeit stigmatisiert das Kontrollsystem als nächsten Teil des menschlichen Gefühlspektrums die Depression. Wer depressiv ist, gilt als jemand, der mit seinem Leben nicht fertig wird. Auch er gilt als Verlierer, den alle, die als brave Systemerhalter glänzen wollen, tunlichst meiden sollten. Wer etwa länger als eine vom Gesundheitssystem vorgesehene Zeit über den Verlust eines Menschen trauert, gilt schon als gefährdet. Das Gesundheitssystem findet dann, dass er sich in seine Obhut begeben sollte.

Auf diese Art pathologisiert das Gesundheitssystem Gefühle und behandelt sie je nach Regel mit einer Psychotherapie oder einer Spritze. Als nächstes sind dann vielleicht Mitleid, Freude und Liebe dran. Dann besteht die zivilisierte Welt endgültig aus Mumien, die nur noch zu einem Gefühl fähig sind, das ihnen das Kontrollsystem zugesteht: der Angst, etwas falsch zu machen.

Dieser Albtraum wird gerade Realität.

Das Kontrollsystem erwischt die Falschen

Das Absurde dabei ist, dass das Kontrollsystem jene, um die es ihm angeblich geht, mit seinen Gesetzen und Regeln gar nicht erreicht. Jedes Mal, wenn mein Fahrer oder ich selbst in eine Radarfalle tappen, denke ich daran, dass das Kontrollsystem das Leben in Wirklichkeit unsicherer statt sicherer macht. Denn die Ressourcen, die es zur Durchsetzung seiner Dogmen bei harmlosen Bürgern braucht, fehlen ihm im Kampf gegen die richtigen Verbrecher.

Davon gibt es genug. Es sind nicht mehr nur die klassischen mafiösen Strukturen wie jene der italienischen Mafiagruppierungen ‚Ndrangheta, Cosa Nostra und Camorra, der chinesischen Triaden oder russischer Organisationen wie Solnzevskaja, auf deren Vorgehen die Legislative und Exekutive der westlichen Demokratien ihren Fokus legen müssten.

Es gibt neue netzwerkartig aufgebaute Organisationsformen, die sich das Spezialwissen von Computer- oder Finanzexperten zu Nutze machen, und bei denen es keine Rolle mehr spielt, welcher Nationalität oder welchem Clan sie angehören.

Sie meiden planmäßig die Infrastruktur, auf die das Kontrollsystem Zugriff hat. Sie etablieren Strukturen, bei denen „Prism“ und andere Späh- und Analyseprogramme versagen. Sei es, dass sie nur noch über wechselnde anonyme Emailzugänge oder schriftlich mittels Boten oder Brieftauben kommunizieren.

Sie sind geografisch flexibel. Sie sitzen irgendwo auf einer Yacht, halten mithilfe eines Heeres von Anwälten örtliche

Gesetze einfach ein oder agieren, wenn das nicht möglich ist, aus Staaten heraus, die ihnen nicht in die Quere kommen.

Die Behörden jagen nur, wen sie vor Ort greifen können. Sie erwischen einen harmlosen Manager, der bei einer Essenseinladung nicht die letzte Novelle der Antikorruptionsgesetze berücksichtigt hat, während die richtigen Verbrecher ungehindert Milliarden verschieben.

Die Verbrecher sind eben immer zwei Schritte voraus.

Das sind sie nur, weil es das Kontrollsystem zulässt. Die Exekutive könnte sie sehr wohl erwischen, wenn sie ihre Ressourcen anders einsetzen würde. Bloß ist das aufwändig und bedarf internationaler Zusammenarbeit.

Statt diesen schwierigen Kampf zu führen, schafft sich der Kontrollstaat mit seinen Dogmen selbst Delikte, mit denen er umgehen kann. Jemand fährt zu schnell. Jemand raucht am falschen Ort. Jemand ist zu laut. Die Polizei tut sich leichter, einem Autofahrer den Führerschein wegzunehmen, als einem Verbrecherring groß angelegten Kreditkartenbetrug nachzuweisen.

Für die Polizei kommt es auch nicht darauf an. In den Aufklärungsraten macht sich ein Tramper, der in einem Supermarkt ein Glas Dosenpfirsiche klauen wollte, auch gut, und eine allein erziehende Mutter, die auf dem Weg zum Kindergarten spät dran war und ins Radar geknallt ist, ist ebenfalls ein Erfolgserlebnis und bringt Geld.

Der Kontrollstaat lässt die richtigen Verbrecher nicht nur gewähren, er hilft dabei mit, dass ihre Methoden Schule machen. Auch ganz normale Menschen werden in Zukunft aus bloßem

Unbehagen die Infrastruktur meiden, auf die Geheimdienste, internationale Konzerne und jede Art von Behörden einfach so zugreifen können.

Anonyme Internet-Zugänge werden boomen. Auch gesetzestreue Menschen werden wieder anfangen, ihr Geld unter dem Fußboden oder im Keller zu verstecken, statt es zu den Banken zu tragen. Die Banken zahlen ein halbes bis ein Prozent Zinsen, also so gut wie nichts. Dafür tragen aufgrund neuer EU-Regeln Bankkunden mit größeren Sparguthaben das Risiko, dass die Bank pleite geht und dass sie irrtümlich ins Visier der Behörden geraten, die ihr Vermögen aus fadenscheinigen Gründen einfrieren können.

Das wird irgendwann dazu führen, dass wieder Zustände wie im 19. Jahrhundert herrschen. Auch gesetzestreue Menschen werden lieber bar bezahlen. Auch sie werden lieber mit Schriftstücken und per Boten oder persönlich kommunizieren. Das trotz einer Reisegeschwindigkeit in den Städten, die, ebenfalls wie im 19. Jahrhundert, aufgrund des entfesselten Kampfes des Kontrollsystems gegen das Schnellfahren und dem Tempo 30-Wahn ungefähr im Bereich von Pferdekutschen liegen wird.

DIE folgen

Ihr habt euch so sehr daran gewöhnt, dass ihr vergessen habt, wie viel Spaß Freiheit macht.

Im Kontrollsystem versiegt die Lebensfreude

Die Sicherheit, die durch Kontrolle entsteht, ist eine Umarmung, die das Leben abwürgt. Es entsteht eine Gesellschaft, in der sich alle schon fürchten müssen, wenn sie mit einer Kundenkarte Salami kaufen, weil jemand per Knopfdruck ihr Ernährungsprofil und damit ihre Blutwerte ableiten kann. Das Kontrollsystem verwaltet die Wirklichkeit, indem es die Lebendigkeit abwürgt. Es schafft einen anscheinend todsicheren Zustand, in dem alles absolut optimiert und normiert ist. Die Menschen haben dann vielleicht die besten Blutwerte aller Zeiten, doch das Ganze hat nichts mehr mit Überraschung, mit Unerwartetem und damit zu tun, sich auf das Leben einzulassen.

Irgendwann hat das Ganze nichts mehr mit Leben zu tun.

Denn der Mensch ist nun einmal nicht dafür gemacht, Unmengen von Gesetzen, Verordnungen und Regeln einzuhalten. Er ist nicht dafür gemacht, nach Vorschriften gekleidet Normen zu erfüllen. Er ist vielmehr dazu gemacht, Spaß zu haben, auch im Job.

Unmengen an Powerpointpräsentationen, Berichten und Listen zu schreiben und sich dabei ständig rechtfertigen und absichern zu müssen macht den wenigsten Menschen Spaß. Den wenigsten Menschen macht es Spaß, sich ständig vom Staat, der Firmenleitung und den Kollegen belauern lassen zu müssen und sich bei jedem Mittagessen einem Korruptionsverdacht auszusetzen.

Wenn Mitarbeiter keine Planungssicherheit haben, ist der Spaß auch weg. Ist ein Mitarbeiter faul oder benimmt er sich wie ein Arschloch, geht es in Ordnung, wenn er seinen Job verliert. Das ist Planungssicherheit. In Konzernen verlieren Mitarbeiter aber inzwischen leichter ihren Job wegen Verstößen gegen undurchschaubare Regeln als wegen schlechter Leistung. Damit regiert die Angst. Sie verdüstert das Berufsleben.

Ich bin wirklich kein Samariter. Meine Mitarbeiter lernen mich nicht als großherzigen sozialen Übervater kennen. Bei mir zählen Leistung und Loyalität. Genau deshalb haben meine Mitarbeiter mehr Planungssicherheit als in den meisten Konzernen. Wer bei mir faul ist oder stiehlt, fliegt, aber er weiß es von Anfang an.

Meine Mitarbeiter leben mit einem gewissen Restrisiko, dass ich Blödsinn mache und pleitegehe, mit dem Flugzeug abstürze oder mit einem meiner Autos verunglücke. Das Risiko, dass sie Bekleidungsvorschriften falsch interpretieren oder das falsche Foto auf Facebook stellen, tragen sie nicht. Ich denke, dass die meisten von ihnen Spaß haben.

Viele große Konzerne nehmen ihren Mitarbeitern inzwischen sogar die kleinsten Freuden. Selbst unbedeutende Vergünstigungen wie Vielflieger-Meilen müssen sie inzwischen ihrem Arbeitgeber abliefern. Wozu das gut sein soll, versteht niemand. Es ist den bürokratischen Aufwand nicht wert.

In der Freizeit ist es das gleiche. Keinem Menschen macht es Spaß, vorgeschrieben zu bekommen, wo er seinen Hund an der Leine führen muss und wie lang die Leine zu sein hat, ständig von Polizisten mit Radarkanonen belauert zu werden, wegen einer Zigarette am falschen Ort verfolgt zu werden, sich vor jeder Besichtigung einer Sehenswürdigkeit von einem Metalldetektor durchleuchten zu lassen, vor jedem Konzertbesuch die Wasserflasche abzugeben und sich von Sicherheitsleuten abgreifen zu lassen und Steuererklärungen zu verfassen, bei denen Prüfer dann in jedem Fall trotzdem noch einen Fehler finden.

Man gewöhnt sich daran.

Das mag schon sein. Doch es ändert nichts daran, dass der Spaß weg ist. Wer nicht mehr weiß, wie viel Spaß Freiheit macht, tut sich in Gefangenschaft bestimmt leichter, aber es ändert nichts daran, dass er ein Gefangener ist.

Das Spaßverderben hat längst epidemische seelische Folgen. Vor kurzem habe ich im Programm meines Verlages einen Hinweis auf das Buch meiner Autorenkollegin, der Ärztin und Psychotherapeutin Martina Leibovici-Mühlberger gelesen. Sie erklärt darin, dass die mit einem modernen Kontrollsystem verbundene Sinnentleerung der Hauptgrund für die epidemische Verbreitung von Burn-out ist. Burn-out sei zu einer Landplage geworden, weil Menschen ihren Lebenssinn in einer spaßbefreiten Arbeitswelt nicht mehr finden.

Weil das Kontrollsystem den Menschen jedes Ventil nimmt, verbreiten sich zudem Verhaltenssüchte, die das System zu normalen Kulturtechniken erklärt. Kaufsucht, Internetsucht, Pornographiesucht, Spielsucht oder Handysucht sind die neuen Ventile der spaßbefreiten Gesellschaft. Ein Zustand, in dem nicht mehr viel Gutes entstehen kann, für niemanden.

Im Kontrollsystem erlahmt die Wirtschaft

Würde der Kontrollstaat die gleiche Energie, die er in Regeln und Kontrollen investiert, darauf verwenden, die Wirtschaft anzukurbeln und die richtigen Anreize für Wirtschaftswachstum zu setzen, würden die Firmen florieren, das Steueraufkommen würde steigen und die Staatsschulden würden schmelzen. Doch der Kontrollstaat quält die Firmen lieber, und die Firmen quälen ihre Mitarbeiter. Das hat drei Effekte.

Erstens. Die Mitarbeiter erlahmen.

Wenn Manager der Willkür des Kontrollstaates ausgeliefert sind, weil sie jederzeit gegen irgendein womöglich völlig unsinniges Gesetz verstoßen können, wenn ganz normale Mitarbeiter der Willkür ihres Chefs ausgeliefert sind, weil der jederzeit einen Regelverstoß finden kann, der ihm als Kündigungsgrund reicht, geht das auf Dauer nicht gut. Denn was riskant, spannend und neu ist, was die Wirtschaft in Schwung hält, ist damit eine Bedrohung. Kein Mitarbeiter geht mehr freiwillig ein Risiko ein.

Manager und ganz normale Mitarbeiter treffen keine Entscheidungen mehr. Sie können dabei nichts gewinnen sondern nur verlieren. Denn wer keine Entscheidung trifft, behält seinen Job. Wer eine Entscheidung trifft, geht ein viel höheres Risiko ein, gegen irgendein Gesetz, eine Verordnung oder eine Regel zu verstoßen und damit seinen Job zu verlieren. War früher Entscheidungsstärke ein Wert, der den Aufstieg begünstigt hat, liegt der Schlüssel zum Erfolg jetzt eher in der richtigen Methode, Verantwortung für Entscheidungen zu vermeiden. Deshalb versteckt sich, wer kann, hinter Komitees oder Arbeitsgruppen, bei denen sich alle Beteiligten endlos aufplustern und am Ende meist die denkbar schlechteste aller Entscheidungen herauskommt. Die Methode funktioniert trotzdem. Je mehr Mitglieder eines Komitees eine falsche Entscheidung getroffen haben, desto richtiger wird sie anscheinend und desto unangreifbarer wird jedes einzelne Mitglied.

Ein blechernes Symbol dafür ist der Pontiac Aztek. Denn General Motors hat auch Autos auf Basis von Komitee-Entscheidungen gebaut und dieses Modell ist dabei herausgekommen. Ein einzelner Entscheidungsträger müsste sich sehr anstrengen, um etwas dermaßen Hässliches wie den Pontiac Aztek auf die Straße zu bringen, doch die Komitees von General Motors haben es möglich gemacht.

Wer sich nicht hinter einem Komitee verstecken kann, versteckt sich zumindest hinter Gutachtern. Die waren in der Wirtschaft immer beliebt. Wollten Firmen Mitarbeiter abbauen, haben sie schon immer Gutachter bestellt, die erklärten, dass die Firma restrukturiert werden muss. Doch im Kontrollsystem haben sich Gutachter unnatürlich stark vermehrt. Sie sind jetzt vor allem dazu da, ihre Auftraggeber vor den unkalkulierbaren Auswirkungen von Gesetzen, Verordnungen und Regeln zu schützen. Sie reden schon bei der Konzeption eines Projektes mit und, wenn es Gegner anfechten, auch vor Gericht, wo sie belegen, dass ihr Auftraggeber nach bestem Wissen und Gewissen gehandelt hat.

Wer sich gar nicht verstecken kann, dokumentiert zumindest jeden seiner Schritte. Die Angst von Bankern zum Beispiel, nichts zu haben, mit dem sie eine Kreditvergabe rechtfertigen können, ist so groß, dass viele die Daten nicht nur elektronisch sondern auch ausgedruckt haben wollen. Dabei entstehen Tonnen von Papier, die kein Mensch liest. Einer meiner Kunden hat seiner Hausbank brav alle Dokumente geliefert, bis ihm sein Banker sagte, dass es eigentlich keinen Platz mehr dafür gäbe. Am nächsten Tag bestellte ein anderer Mitarbeiter der gleichen Bank neue Dokumente bei ihm.

Dabei achten alle darauf, möglichst keine eigene Meinung zu entwickeln. Wenn, um beim Beispiel der Kreditvergabe zu bleiben, ein Risikomanager keine eigene Meinung über eine Kreditvergabe entwickelt, sondern einzig auf Basis vorgegebener Eckdaten entscheidet, macht er alles richtig. Auch dann, wenn er jedes Geschäft blockiert, die Bank keine Gewinne mehr macht und die Unternehmen mangels Geld pleite gehen.

Ein Konzernmitarbeiter kann inzwischen locker vierzig Stunden die Woche mit Dokumentation, Verhaltensregeln und Verpetzen verbringen. Er könnte in endlosen Besprechungen interne Probleme abhandeln und dabei auf die Einhaltung der richtigen Besprechungskultur achten. Er würde alles richtig machen. Doch er würde dabei nichts neues mehr schaffen. Er würde im besten Fall das bereits Existierende verwalten und damit keinen Beitrag mehr zum Erfolg des Unternehmens leisten.

Zweitens. Die Firmen erlahmen.

Gerät zum Beispiel ein guter Verkäufer wie der dicke Bayer ins Visier der Verhaltensabteilung, sinken die Einnahmen der Firma, weil er zuerst aus Frust weniger Umsatz bringt, und, wenn er gefeuert wird, gar keinen Umsatz mehr. Gleichzeitig steigen die Ausgaben der Firma, weil die Verhaltensabteilung etwas kostet. Sie kostet das Gehalt ihrer Mitarbeiter, ihren Arbeitsplatz und die Zeit anderer Mitarbeiter, die sie von deren eigentlicher Arbeit abhalten.

Die Zeiten, in denen irgendwo in einer Konzernzentrale ein einsamer Verhaltensbeauftragter hinter seinem Schreibtisch saß, sind vorbei. Ich habe David einmal gefragt, wie viele Mitarbeiter die Verhaltensabteilung der Bank beschäftigt, bei der er zuletzt gearbeitet hat. Es sind 300, und ihre Jobs gelten als die sichersten im Haus.

Das klingt vielleicht nach einer tollen Idee für Arbeitsplatzbeschaffung, aber all das ist nicht produktiv. Je mehr Geld ein Unternehmen in Verwaltung statt in Produktivität steckt, desto lahmer wird es. Die Liste einst großer und dynamischer Firmen, die auf diese Art erlahmt sind, ist lang. Nokia, Sony, General Motors oder American Airlines gehören dazu. Je mehr Firmen erlahmen, desto mehr erlahmt die Volkswirtschaft. Dazu kommt der Aufwand, den die Firmen betreiben müssen, um die Gesetze und Verordnungen einzuhalten. Ein Bekannter von mir, der sich im Immobiliengeschäft auf Seniorenheime spezialisiert hat, brauchte für jeden produktiven

Baustellen-Mitarbeiter einen, der sich um die Einhaltung aller Bauauflagen kümmerte. Es ging um die physische und psychische Belastung der Bauarbeiter, die Regelungen zur Verhinderung von Schwarzarbeit, das Mitspracherecht der Anrainer, die Vorschriften für das Aufstellen von Gerüsten, um Planungsbeiräte, um Lärmschutz und so weiter. Irgendwann ist seine Firma unter dieser Last erlahmt. Seine Umsätze sanken und Gewinne blieben aus. Bis sich sein Geschäftsmodell einfach nicht mehr gerechnet hat.

In der zweiten Welt und in den Entwicklungsländern lassen sich mit den Regeln, die Politiker der ersten Welt erfunden haben, ohnehin keine Geschäfte machen. In arabischen Ländern etwa gehören Gastgeschenke, für die sich jeder europäische Manager vor Gericht verantworten müsste, zum guten Ton. Besonders schwierig wird es in China. Dort steht fast jede größere Firma zumindest indirekt unter staatlichem Einfluss. Ein europäischer Manager könnte bei strenger Auslegung der Regeln dort für fast jedes Mittagessen, zu dem er einen Geschäftspartner einlädt, vor Gericht landen. Vor einem europäischen Gericht wohlgemerkt, nicht vor einem chinesischen.

Ich habe einmal mit meinem guten Freund Huang Tsang darüber gesprochen. Er hat sehr viel gelacht. Denn wie das Match der westlichen Demokratien gegen die aufstrebenden Märkte dann aussieht, ist klar. Die westlichen Demokratien stehen im Kreis auf dem Rasen und diskutieren miteinander, wer sich, unter Berücksichtigung aller Regeln, wo aufstellen darf und ob der Haarschnitt aller den Verhaltensregeln der Mannschaft entspricht. Die aufstrebenden Märkte schießen inzwischen die Tore.

Die Kontrollstaaten verlieren damit im globalen Wettbewerb Terrain. „Wir freuen uns nicht einmal darüber", sagte Huang Tsang. „Wenn sich die westlichen Demokratien selbst strangulieren, schadet das der ganzen Welt."

Drittens. Weniger neue Firmen entstehen.

David hatte es noch kurz als Selbstständiger versucht. Erst als er sich mit den Bergen an Gesetzen, Verordnungen und Auflagen konfrontiert sah, die er erfüllen hätte müssen, entschied er sich doch lieber für ein Leben als Spaziergänger mit Hund.

Die EU bereitete zu diesem Zeitpunkt gerade die nächste Verschärfung des Anlegerschutzes vor. Es ging darum, die Anleger noch besser vor Risiko zu schützen. Mit neuen Auflagen für Finanzdienstleister und Fondsgesellschaften in Sachen Begutachtungen, Registrierungen, Prospekterstellung und Prüfungen durch Wirtschaftsprüfer und andere Gutachter. Alles Regelungen, die das Geschäft unattraktiv machten. Für die Anleger, die all das in Form von Gebühren zahlen müssen oder gar keine attraktiven Anlageprodukte mehr erwerben können, und für die Anbieter, weil es sich für sie nicht mehr auszahlt, überhaupt noch Finanzprodukte zu entwickeln, mit denen Kleinanleger mehr verdienen können, als sie durch die Inflation verlieren. Also ließ es David lieber bleiben.

Das tue ich mir nicht an.

Das habe ich nicht nötig.

Die grundlegende unternehmerische Frage zu klären, welche Produkte oder Dienstleistungen wann und wo auf Nachfrage stoßen, reicht längst nicht mehr für eine erfolgreiche Firmengründung aus. Die Frage lautet vielmehr, welche Produkte und Dienstleistungen wer, wann und wo noch anbieten kann, ohne mit den Gesetzen und Verordnungen in Konflikt zu geraten. Eine Frage, die mit dem zügigen weiteren Ausbau des Kontrollsystems immer weniger Menschen, die das Zeug zum Unternehmer hätten, beantworten können.

Sie stoßen auch bei der Finanzierung auf sinnlose Hürden, die das Kontrollsystem errichtet. Banken können und dürfen wegen ihrer anonymisierten Firmenbewertungen und der willkürlichen Regulierungswut der EU immer weniger Kredite vergeben. Dass langfristig erfolgreiches Bankgeschäft darauf beruht, Kunden zu kennen, zu verstehen und richtig einzuschätzen, hat die EU bei ihrem anonymisierten Regulierungswahn offenbar vergessen.

Zuerst bekommen nicht mehr die guten Unternehmer Kredite, sondern jene, die gut im Aufbereiten von Daten und Ausfüllen von Formularen sind. Um Kreditvergaben zu verhindern, bei denen alles korrekt und der Kreditnehmer trotzdem wenig später pleite ist, setzen die Banken dann die Macht der anonymen Zahlen noch rigider durch, indem sie die Risikobewertungen verschärfen und noch weniger Kredite vergeben.

Wie gut die anonymisierte Firmenbewertung einer Bank ist, hinterfragt niemand. Ich habe bei einer Bank einmal einen

Fehler gefunden. Es war ein relativ einfacher Fehler, den jeder Mathematiker leicht erkennen konnte. Im Excel-Modell waren Vorzeichen vertauscht. Als ich den zuständigen Banker darauf ansprach, runzelte er die Stirn. Nicht wegen des Fehlers – sondern meinetwegen.

Ich mache das System nicht. Ich halte mich nur daran.

Irgendwann können Firmengründer dann nur noch zu Papa, Mama oder dem Nachbarn gehen, aber die haben meistens auch kein Geld.

Die Leistungsträger steigen ab

Ein mir bekannter Wirtschaftsprüfer war bei den an Kunden verrechenbaren Arbeitsstunden immer der Beste in seiner Kanzlei. Er lag deshalb bei internen Leistungsbewertungen immer weit vorne. Doch eines Tages stellte er fest, dass er ins untere Mittelfeld abgerutscht war. Das ärgerte ihn, weil diese Leistungsbewertungen über Bonuszahlungen und das Fortkommen in der Kanzlei entschieden. Er ging der Sache nach.

Sein Chef erklärte ihm, dass die Maßzahl, bei der er so gut abschnitt, bei der internen Leistungsbewertung jetzt nur noch ein Faktor von mehreren sei. Es gäbe auch Verhaltens-Faktoren. Es ginge darum, regelkonform zu agieren, den Werten der Firma zu entsprechen, und da schneide er nun einmal nicht ganz so gut ab. Als mein Bekannter nachfragte, was genau er falsch mache, sah ihm sein Chef lächelnd aber schweigend in die Augen.

Das wissen Sie selbst am besten.

Mein Bekannter riss gerne böse Witze, lachte selbst am lautesten darüber und legte gerne Rauch- und Kaffeepausen ein. Er meinte, dass Lachen und Pausen seine Konzentration fördern würden. Außerdem ging er heim, wenn er seine Arbeit getan war, und nicht, wenn sein Chef ging. So arbeitete er am effizientesten, fand er, was die Firmenleitung anders sah. Sie wollte, dass alle Mitarbeiter brav im Anzug an ihren Schreibtischen saßen und zu allem Ja und Amen sagten. Leistung war noch ein Faktor, hatte aber an Bedeutung verloren. Ein Phänomen, das die Wirtschaft im gesamten Kontrollsystem erfasst hat.

Der Versuch des Kontrollsystems, die Wirtschaft mit seinen Gesetzen, Verordnungen und Regeln um den menschlichen Faktor zu bereinigen, richtet sich vor allem gegen die Leistungsträger. Wenn alle artig, still und gleich sein müssen, haben sie schlechte Chancen. Denn der Regelbruch, das Querdenken, das Anderssein, das Ausscheren aus der Norm gehören zu ihrer Natur. Eine sterile Welt mit vollklimatisierten Großraumbüros, die allen Arbeitnehmerschutzgesetzen entsprechen, und in denen sie von Internetüberwachung und Videoüberwachung umgeben sind, bildet nicht die richtige Umgebung für sie. Sie müssen sich frei bewegen und entspannt nachdenken können. Es behindert ihre Kreativität, wenn sie ständig befürchten müssen, dass hinter der nächsten Tür ein Chef oder ein Kollege mit einem gewetzten Messer wartet und es ihnen beim ersten Regelbruch in den Arsch rammt.

Die Leistungsträger sind damit einer Art Null-Bock-Komplott des Kontrollsystems ausgeliefert. Es behindert und demotiviert sie mit fünf Methoden.

Erstens. Das Kontrollsystem behindert und demotiviert die Leistungsträger mit seiner Bildungspolitik.

Durch Konzepte wie Gesamtschule oder die Abschaffung des Notensystems fällt dort die hierarchische Abstufung nach Begabung und Leistung allmählich weg. Das Kontrollsystem nivelliert die Bildung damit nach unten. Die Artigen gewinnen. Sie haben am Ende die gleiche Bildung wie die Begabten.

Die Begabten verlieren. Sie haben am Ende die gleiche Bildung wie die Unbegabten.

Zweitens. Das Kontrollsystem behindert und demotiviert die Leistungsträger mit seiner Steuerpolitik.

Ein Immobilienmakler hat eine Wohnung zu vermieten und würde im Erfolgsfall eine Provision kassieren. Doch draußen ist es kalt. Der Wind weht Graupelschauer waagrecht durch die Straßen.

Frage ich meine Studenten, wie viele von ihnen hinausgehen würden, um die Wohnung zu vermieten, wenn ihnen das Finanzamt 60 Prozent ihrer Einnahmen nimmt, hebt höchstens ein Viertel von ihnen die Hand. „Und wenn er euch statt 60 nur 20 Prozent nehmen würde?" Hier heben drei Viertel die Hand, also drei mal so viele.

Die Regierungen müssten tun, was Ronald Reagan und Margaret Thatcher getan haben. Sie müssten darüber nachdenken, wie sie die Leistungsträger noch mehr motivieren könnten, damit sie noch mehr Leistung erbringen, noch mehr Einkommen und Profit erzielen und als Konsequenz noch mehr Steuern zahlen. Sie müssten zum Beispiel die Steuersätze senken. Die Einnahmen der Regierungen würden steigen, weil die Leistungsträger noch motivierter wären und noch mehr Leistung brächten und weil auch bei Steuern gilt, dass ein kleines Stück von einem großen Kuchen ab einer gewissen Grenze größer ist, als ein großes Stück von einem kleinen Kuchen.

Stattdessen nähern sich die Kontrollstaaten in vielen Bereichen wieder den Steuersätzen der USA in der Ära Jimmy Carter an. Am Ende bleibt dem Staat dann ein großes Stück von nichts, weil irgendwann auch die letzten Leistungsträger keine Lust mehr haben, bei Schlechtwetter hinaus zu gehen.

Drittens. Das Kontrollsystem behindert und demotiviert Leistungsträger mit den Arbeitnehmerschutzgesetzen und dem Kündigungsschutz.

Die Fleißigen, Kreativen und Loyalen brauchen niemanden, der regelt, wann und wie viel sie arbeiten dürfen und wann und unter welchen Bedingungen sie ihr Arbeitgeber versetzen oder entlassen darf. Sie wären in einer freien Wirtschaft ohnedies gefragt und könnten sich ihren Job auch in Krisen aussuchen. Doch der Staat macht sich zur Lobby der Müden, Schwachen und Faulen. Wer vollen Kündigungsschütz genießt und keine Sanktionen befürchten muss, hat null Anreiz sich anzustrengen.

Es ist gut, wenn der Staat dafür sorgt, dass auch Menschen mit Einschränkungen und Nachteilen eine Chance am Arbeitsmarkt haben. Doch ein strenger Kündigungsschutz für alle ist der falsche Weg. Das ist so, als würde der Weltradsportverband bei der Tour de France Doping und E-Bikes für Dicke und Greise genehmigen, und für alle eine Geschwindigkeitsbeschränkung festlegen. Die wirklich guten Radfahrer würden dann daheim bleiben, ein bisschen am Hometrainer strampeln und sich dabei im Fernsehen ansehen, wie es früher war.

Viertens. Das Kontrollsystem behindert und demotiviert Leistungsträger mit seinen Antidiskriminierungsbestimmungen.

Je mehr Antidiskriminierungsbestimmungen es gibt, desto mehr rücken Werte wie Fleiß, Kreativität und Loyalität in den Hintergrund. Antidiskriminierungsregeln fördern nicht nur die indirekte Kommunikation, Intrigen und die formalistische Kommunikation. Sie fördern auch den Aufstieg aufgrund bestimmter Attribute und nicht den aufgrund von Leistung und Erfolg.

Trotzdem gibt es immer mehr dieser Bestimmungen. Der amerikanische Handelskonzern Walmart hat schon eine „Non-Discrimination Policy for transgender individuals" in seine Unternehmensstatuten aufgenommen. In den USA verdienen Schwarze, Hispanics, Schwule, Lesben oder Sieben-Tage-Adventisten inzwischen erwiesenermaßen mehr, wenn sie ihren Arbeitgeber regelmäßig wegen Diskriminierung verklagen, als wenn sie fleißig arbeiten.

Diskriminierung ist fraglos negativ. Sie verhindert, dass Menschen ihr Potenzial ausschöpfen können und schadet der ganzen Gesellschaft. Tatsache ist, dass es Diskriminierung gibt und dass es Aufgabe des Staates ist, sie zu verhindern. Es darf zum Beispiel nicht sein, dass Frauen aufgrund ihres Geschlechts weniger Aufstiegschancen vorfinden. Doch Gleichbehandlung um jeden Preis funktioniert nicht. Im Fall der Gleichbehandlung von Mann und Frau ist sie nichts weiter als der Versuch des Kontrollstaates, auch den Umgang der Geschlechter miteinander durch Gesetze, Verordnungen, Kontrollen und Strafen zu regeln. Das führt nur dazu, dass Männer und Frauen einander irgendwann nur noch mit je zwei Anwälten, einem männlichen und einem weiblichen, begegnen. Irgendwann wird es so schwierig sein, einen allen Antidiskriminierungsregeln entsprechenden Konzernvorstand zusammenzustellen, dass die Qualifikation der Kandidaten nur noch untergeordnete Bedeutung haben wird. Nicht der beste Verkäufer wird dann Vertriebsvorstand, sondern jemand, der Religionszugehörigkeit, Geschlecht, Hautfarbe und sexuelle Ausrichtung ideal mit seiner Fähigkeit, das System zu bedienen, kombiniert.

Fünftens. Das Kontrollsystem behindert und demotiviert Leistungsträger mit einem Klima des Neides und der Missgunst.

Aufsteiger gelten als böse. Die Gesellschaft unterstellt ihnen, dass sie ihr Geld gestohlen, durch üble Tricks ergaunert oder durch Ausbeutung wehrloser Bürger erworben haben. Es reicht, einen Aston Martin zu fahren, um als Arschloch zu gelten.

So entsteht dann zum Beispiel die Forderung nach einer Obergrenze für Managergehälter. Dabei geht es, wenn nicht aus emotionalen Gründen, die Gesellschaft wirklich nicht das Geringste an, wie viel ein in Privatbesitz befindliches Unternehmen seinen Mitarbeitern zahlt. Es ist klarerweise unlogisch, wenn schlechte Manager für den Schaden, den sie angerichtet haben, auch noch fette Boni und Abfertigungen kassieren. Doch das geht höchstens die Aktionäre der Firma etwas an, deren

Aktien dadurch an Wert verlieren. Setzt sich die Schweizer Idee, Aktionäre über die Gehälter der Manager abstimmen zu lassen, durch, wäre das in Ordnung. Greift der Kontrollstaat auch hier regulierend ein, ist das nur ein weiterer Ausdruck des Neides und der Missgunst gegenüber Leistungsträgern.

Im Kontrollsystem bleiben die Reichen reich und die Armen arm

Das Kontrollsystem folgt einem Dogma, das vielen seiner Gesetze, Verordnungen und Verhaltensregeln zugrunde liegt. Wie die meisten seiner Dogmen klingt es beim ersten Hinhören gut und sinnvoll.

Alle Menschen sollen gleich sein.

Das Dogma, dass alle Menschen gleich sein sollen, ist ein Überbleibsel aus der Ära des Kommunismus. Es hat über die Stacheldrähte an den Grenzen des Ostblocks hinweg das Weltbild vor allem Europas mit geprägt und ist trotz des Unterganges des Kommunismus bis heute in den Köpfen vieler Menschen geblieben.

Alle Menschen sollen die gleiche Bildung haben.
Alle Menschen sollen gleich viel verdienen.
Alle Menschen sollen das gleiche Leben führen.

Dabei sind Menschen nun einmal nicht gleich. Einer ist dick, einer ist dünn, einer ist intelligent, einer ist dumm. Einer will reich werden, einer berühmt, einer will eine Schule in Simbabwe bauen und einer will gar nichts. Die Menschen wollen auch gar nicht gleich sein. Worum es eigentlich ginge, wäre deshalb nicht Gleichheit, sondern Chancengleichheit.

Alle Menschen sollen die gleichen Chancen haben.

Ginge es dem System nicht um Gleichheit sondern um Chancengleichheit, würde der Staat mit seinen Gesetzen und Verordnungen jene, die nach oben wollen, gegenüber jenen, die schon oben sind, privilegieren. Denn jene, die schon oben sind, sind meist schon privilegiert. Sie finden durch ihre familiären Prägungen, Kontakte und wirtschaftlichen Ressourcen bessere Voraussetzungen für ihre Karrieren vor als Kinder aus einfachen Verhältnissen.

Ginge es dem System nicht um Gleichheit sondern um Chancengleichheit, würde der Staat mit seiner Bildungspolitik hart nach Leistung selektieren. Dies nicht nur bei Aufnahmeprüfungen sondern laufend, weil Kinder unterschiedliche Entwicklungsphasen haben, in denen sie einmal hinten und dann wieder weit vorne sein können. Die Guten kämen weiter und könnten in Leistungsklassen und Leistungsschulen aufsteigen, die Schwachen blieben wo sie sind oder würden absteigen. Alle hätten die gleiche Chance, zu den Guten zu gehören, und damit auf die beste Bildung, unabhängig vom Geld ihrer Eltern.

Ginge es dem Kontrollsystem um Chancengleichheit statt um Gleichheit, würde der Staat Leistung etwa auch durch eine niedrige Einkommenssteuer fördern. Er würde mit seinen Gesetzen junge Menschen, die einen Job suchen, gegenüber alten, die schon einen gutbezahlten Job haben, privilegieren. Er würde ein Klima schaffen, in dem Leistungsträger Respekt statt Ablehnung erfahren.

Doch der Kontrollstaat macht es mit dem Dogma der Gleichheit aller Menschen genau umgekehrt. Er schützt die, die schon etwas haben, vor denen, die etwas wollen.

Begabte Kinder, die das Zeug für den sozialen Aufstieg hätten, müssen mit der nach unten nivellierten staatlichen Bildung Vorlieb nehmen. An Schulen, die sich vielleicht bald nur noch durch die Qualität der Metalldetektoren an den Toren unterscheiden. Unter dem Druck von sturen Lehrergewerkschaftern und Schulbürokraten, die das Bestehende bewahren wollen, bereiten diese Schulen ihre Schüler mit verstaubtem Wissen auf eine Welt vor, die es seit zwanzig Jahren nicht mehr gibt. Sie lehren, dass Unternehmer Arbeitnehmer ausbeuten und Erfolg böse ist. Ein sozialer Aufstieg ist mit einer solchen Bildung schwer erreichbar.

Chancen auf gute Bildung bleiben jenen vorbehalten, die sie durch Geburt erworben haben. Denn die Kinder der Reichen gehen an teure Privatschulen und bekommen für 10.000 bis 40.000 Euro im Jahr von gut bezahlten und hoch motivierten Lehrern eine Bildung, die ihnen den Weg an Eliteuniversitäten wie Harvard, Oxford oder Cambridge ebnet.

Auch mit hohen Steuern schützt der Staat die, die schon etwas haben, vor jenen, die etwas wollen. Wer sein Vermögen geerbt, gewonnen oder in besseren Zeiten verdient hat, hat es gut angelegt. Er hat gute Steuerberater oder kann notfalls auswandern. Wer sein Vermögen erst aufbauen will, bei dem kassiert der Staat eine hohe Einkommenssteuer und in Zukunft vielleicht auch noch „Solidaritätsabgaben". Die meisten Steuern zahlen nicht Firmen, die schon groß sind, sondern jene, die noch groß werden wollen. Die großen Konzerne beschäftigen Spezialisten, die gegen Tagsätze in der Höhe des Monatsgehaltes eines Finanzministers dafür sorgen, dass ihr Auftraggeber wenig bis fast gar nichts ans Finanzamt zahlt. Die kleineren Firmen arbeiten lokal, können sich keine Infrastruktur in Niedrigsteuerländern leisten und können sich deshalb nicht gegen Steuererhöhungen wehren.

Mit seiner Steuerpolitik nimmt das Kontrollsystem damit eine Umverteilung vor. Es ist keine von den Reichen zu den Armen. Es ist auch keine von den Armen zu den Reichen. Es ist eine von den Fleißigen zu den Reichen.

Mit seinem strengen Kündigungsschutz schützt das Kontrollsystem ebenfalls jene, die schon einen Job haben, vor jenen, die einen wollen. Es gibt deshalb einen eindeutigen Zusammenhang zwischen dem Ausmaß des Kündigungsschutzes und dem der Jugendarbeitslosigkeit.

Je mehr Kündigungsschutz es gibt, desto höher ist die Jugendarbeitslosigkeit. In Spanien, wo der Kündigungsschutz besonders ausgeprägt ist, müssen junge Leute inzwischen für unbezahlte Praktikumsplätze bezahlen, während die Alten auf unkündbaren Jobs sitzen, faulenzen und bei jedem Angriff auf ihre Privilegien auf die Straße gehen.

Das Kontrollsystem erreicht mit seinem Dogma der Gleichheit aller Menschen deshalb nicht, dass wirklich alle gleich sind. Will es auch gar nicht. Es erreicht etwas ganz anderes.

Alles bleibt gleich.

Die Reichen bleiben reich und die Armen bleiben arm. Die einzige Veränderung wird in Zukunft darin bestehen, dass die Reichen noch ein bisschen reicher sind, und dass es noch viel mehr Arme gibt, vor allem in der jungen Generation.

Die Faulheit blüht

Wozu ein System führt, das immer jene, die schon etwas haben, vor denen schützt, die etwas wollen, hat das alte Venedig gezeigt. Es hat zuerst geboomt, weil es seinen Bürgern wie kaum eine andere Stadt die Möglichkeit bot, sich mit Fleiß und Geschick von unten nach oben zu arbeiten. Etwa durch Handel, durch das Bankwesen oder durch das Bereisen ferner Länder.

Alle anderen Staaten waren im 14. und 15. Jahrhundert feudal organisiert. Dort konnte ein Knecht niemals ein Fürst werden. Doch im Venedig konnte jeder als Seefahrer die Welt bereisen und mit Waren, die er aus Asien oder Afrika brachte, vermögend werden. Venedig war damals größer als Paris und reicher als die meisten Städte der Welt. Doch irgendwann wollten sich die regierenden Eliten nicht mehr anstrengen. Sie beschlossen, Neulingen den Zugang zur Wirtschaft zu erschweren, um ihren eigenen Wohlstand abzusichern.

Jene, die nichts hatten, wurden faul, weil sie ihre Hoffnung verloren. Jene, die viel hatten, wurden faul, weil sie keine Konkurrenz mehr hatten. Es gab keinen Wettbewerb mehr und keine Innovationen. Die Welt wandte sich von Venedig ab, weil dort nichts mehr zu holen und nichts abzuschauen war. Ein Szenario, auf das nun ganz Europa zusteuert.

Wenn es sich die da oben richten können und sich Leistung nicht mehr auszahlt, hat es keinen Sinn, sich anzustrengen.

Wie Regeln und Kontrollen die Faulheit nähren, zeigen auch Kontrollsysteme traditioneller Bauart. Nordkoreanische

Flüchtlinge, als Extrembeispiel, haben sehr häufig bei der Integration in eine normale Arbeitswelt Probleme. Bei Einschulungen in Südkorea zeigt sich, wie sehr ihnen das Kontrollsystem ihrer alten Heimat die Fähigkeit zum selbstständigen Denken und Arbeiten genommen hat. Sie sind gut darin geworden, so zu tun, als würden sie arbeiten, aber arbeiten können sie nicht mehr. Sie können in einem normalen Arbeitsprozess kaum mit den Südkoreanern mithalten.

Die Weicheier steigen auf

Behindert und demotiviert ein System die Leistungsträger, macht es den Weg für die Weicheier frei. Für sie, die Verantwortung scheuen, keine Entscheidungen treffen, kein Risiko nehmen, nichts produzieren, nichts schaffen, alles blockieren oder finden, dass sich etwas einfach nicht gehört, ist diese Suppe aus Regulierung, Kontrollen, Leistungsfeindlichkeit, Gleichheit und Demotivierung das ideale Biotop. Neben Rechtsanwälten, Gutachtern, Herstellern von Überwachungstechnologien sowie den Müden, Faulen und Schwachen sind die Weicheier die großen Profiteure des Kontrollsystems. Sie sind in der Schule, im Job und als ganz normale Bürger beliebt. Sie sind überall willkommen.

Solche wie dich brauchen wir hier.

Das Kontrollsystem gibt im ewigen Kampf des Durchschnitts gegen die Talentierten dem Durchschnitt eine wirkungsvolle Waffe in die Hand. Die Talentierten verlieren, der Durchschnitt gewinnt. Eine Entwicklung, die in der Menschheitsgeschichte einzigartig ist. Denn bei der Schaffung der Spezies Weichei hat die Evolution zum ersten Mal einen Rückschritt in Kauf genommen.

Kraft, Kreativität, Energie und Talent haben dabei keine Rolle gespielt. Im Gegenteil. Diese Qualitäten hat die Evolution in diesem Fall als hinderlich ausgemustert. Der Ausleseprozess fand ausschließlich über das Ausmaß an Folgsamkeit statt. Die graue Maus, der langweilige Bürokrat, der Ja-Sager und der Systemerhalter sind für sie Modell gestanden. Das Prinzip des Fortschritts hat sich damit in sein Gegenteil verkehrt. Die Leistungsträger steigen ab. Die Weicheier machen Karriere.

In den Unternehmen führt die Regentschaft der Weicheier zu einer fatalen Spirale der Unkreativität und Unproduktivität. Denn Weicheier erkennen ihresgleichen mit der Sicherheit eines Trüffelschweins. Vor allem merken es Weicheier, wenn sie es mit einem Freigeist zu tun haben.

Freigeister machen dem Weichei Angst. Es fühlt sich durch sie bedroht. Zu Recht, denn Freigeister würden die wohlige Welt des Weicheis durcheinanderbringen. Freigeister würden mit neuen Ideen und Konzepten und mit Veränderungen Unruhe stiften. Das mag das Weichei nicht. Es ist für das Weichei viel bequemer, wenn es sich in der Kantine mit anderen Weicheiern gegenseitig auf die Schulter klopft, weil sie alle schon wieder ganz brav alles genau nach Vorschrift erledigt haben.

Was in einem Unternehmen passiert, in dem ein Weichei Führungsverantwortung hat, ist klar. Das Weichei vermehrt sich unnatürlich rasch. Denn es befördert immer nur andere Weicheier. Dieser Mechanismus ist nicht nur ärgerlich für Menschen, die gerne etwas bewegen würden. Für die Unternehmen bedeutet das einen handfesten wirtschaftlichen Schaden, auch wenn das den meisten Unternehmern vielleicht gar nicht bewusst ist. Denn ein Unternehmen, das einen Mitarbeiter einstellt, sichert sich damit vertraglich dessen Arbeitskraft. Das ist die Idee. Es sichert sich nicht ein bisschen seiner Arbeitskraft, sondern seine ganze. Zumindest glaubt es das.

In der Realität bekommen Unternehmen, die ein Weichei einstellen, aber nur einen Teil der Leistung, für die sie bezahlen. Sie bekommen nur den verwaltenden, duckmäuserischen und bequemen Teil. Sie hätten aber auch Anspruch auf die Ideen dieses Mitarbeiters, auf seine kreativen Konzepte, und auf seinen Widerstand gegen unsinnige Mechanismen, die es in dem Unternehmen vielleicht gibt. Das sind nun einmal die Dinge, die langfristig Gewinne sichern und ausbauen können. Das sind die Dinge, die verhindern, dass ein Unternehmen einen wichtigen Trend verschläft. Doch diese Leistung erbringen in einem Unternehmen nur die Freigeister, nicht die Weicheier.

Das Problem hat die Tendenz, zu wachsen. Denn je ausgeprägter die Weichei-Kultur eines Unternehmens ist und je weniger Chancen die Freigeister haben, desto eher orientieren sie sich anders. Sie gehen zur Konkurrenz oder gründen eine eigene Firma.

Weicheier sind wirtschaftliche Risikofaktoren.

WiderStand

Die einzige Angriffsfläche, die das System noch bietet, findet ihr in eurem Kopf.

Es gibt eine Pflicht zum Widerstand gegen das Kontrollsystem

Geleitet von Schildern und Pfeilen, von Gesetzen, Verordnungen und Regeln in einem Kontrollsystem zu leben, das seine Bürger schlimmer als manche Diktatur manipuliert und überwacht, ist eines Bürgers einer Demokratie des 21. Jahrhunderts unwürdig. Es bedeutet den freiwilligen und leichtfertigen Verzicht auf Werte, die viele vorangegangene Generationen unter Einsatz ihres Lebens erkämpft haben und die das Fundament jeder modernen Gesellschaft bilden sollten. Diese Werte sind Selbstbestimmung, Meinungsfreiheit und Privatsphäre, und sie sind weit mehr als theoretische philosophische Parameter für Soziologen oder Politikwissenschaftler. Ob diese Werte in einer Gesellschaft verankert sind oder nicht, entscheidet über die Existenz oder Nicht-Existenz von individuellen Entfaltungsmöglichkeiten, die den Menschen erst zum Menschen machen.

Jeder Bürger, der zu einem Mindestmaß an Respekt vor den vorangegangenen Generationen, vor sich selbst und vor der Gesellschaft fähig ist, hat deshalb die Pflicht, Widerstand gegen das Kontrollsystem zu leisten. Widerstand zu leisten mit dem Ziel, dass alle Bürger die Freiheit, die sich diese Gesellschaft erkämpft hat, auch nützen können. In einem System, das mit so vielen Gesetzen, Verordnungen und Regeln auskommt, wie es braucht, um seinen Bürgern diese Freiheit zu ermöglichen, und in dem alle die gleiche Chance haben, sie nach eigenem Ermessen zu nützen.

Als ich an jenem Samstag Vormittag in meinem Hotel im Londoner Stadtteil Canary Wharf frühstückte, dachte ich über Widerstand nach. Widerstand bedeutet, sich darauf zu besinnen, dass dieses Kontrollsystem noch immer demokratisch ist und dass jeder Bürger noch immer eine Stimme hat, wenn es darum geht, die Gesellschaft zu gestalten, dachte ich.

Jeder Bürger kann diese Stimme bei Wahlentscheidungen nutzen. Er kann eine Hellhörigkeit dafür entwickeln, wo sich vernünftige politische Akteure gegen die Diktatur des Kontrollsystems wenden, auch wenn sie vielleicht noch leise sind und auch wenn sie selbst in ihren eigenen politischen Lagern vielleicht noch nicht ernst genug genommen werden.

Wenn viele Bürger solchen politischen Akteuren zuhören würden, würden sie an Einfluss gewinnen, dachte ich, und die Dinge würden in Bewegung kommen. Es würde eine Kraft entstehen, die das System verändert, auch wenn es sich für jeden Einzelnen nicht gleich so anfühlen würde. Irgendwann würde ein charismatischer Politiker sagen, dass es reicht mit all den unnötigen Gesetzen, Verordnungen und Regeln. Dass endlich Schluss damit sein muss. Dass sich das niemand gefallen lassen muss. Dass das niemand nötig hat. Dass die Gesellschaft es verdient, ihre Freiheit zurückzuerlangen.

Eine Mehrheit könnte Politikern zum Beispiel den Auftrag erteilen, alle Gesetze und Verordnungen neu zu überdenken und die überflüssigen einfach zu streichen, dachte ich. Mit der Vorgabe, dass am Ende nur dreißig Prozent der jetzigen Gesetze und Verordnungen übrig bleiben dürfen. Dreißig Prozent der jetzigen Gesetze und Verordnungen wären noch immer mehr als genug.

Doch es scheint schon zu spät dafür zu sein. Eine Gesellschaft, in der Weicheier die Rollenmodelle und Leistungsträger Störenfriede sind, wird so einen Auftrag niemals erteilen. Die Gesellschaft ist bereits zu verblödet, um sich noch auf diese naheliegende Art selbst zu retten.

Vernünftige politische Akteure, die sich glaubwürdig gegen das Kontrollsystem wenden und sagen, dass es reicht, sind auch nicht in Sicht. Für so einen mutigen politischen Schritt wären charismatische politische Persönlichkeiten mit eigenen Visionen und Durchsetzungskraft nötig, doch solche Politiker schaffen es heute nur selten nach oben. Ich dachte an das Interview mit dem deutschen Ministerpräsidenten, der sich darin in vorauseilendem Gehorsam gegenüber der Mehrheit selbst auf das Format eines Gartenzwerges reduziert hatte. Es ist eindeutig, dachte ich. Auch in der Politik hat sich das Weichei durchgesetzt. Politiker, die wirklich etwas erreichen und bewegen wollen, erlahmen im Kontrollsystem ebenso wie die Leistungsträger in der Wirtschaft.

Persönlichkeiten mit Gestaltungswillen, wie ihn Willy Brandt in Deutschland, Bruno Kreisky in Österreich oder Margaret Thatcher in England hatten, würden heute nicht mehr an die Macht kommen. Diese Politiker haben ihre Kraft sicher nicht nur für intelligente Vorhaben genutzt, aber sie hatten wenigstens welche.

Es gibt vereinzelt noch starke Persönlichkeiten, sowohl in der Politik als auch in der Wirtschaft, die das System in die eine oder in die andere Richtung zu lenken verstehen. Doch solche Persönlichkeiten werden nicht nur seltener, sie können auch deshalb keine starke Wirkung entfalten, weil ihre durchschnittliche Verweildauer ebenso wie die von Spitzenmanagern in der Wirtschaft kürzer wurde. Einzelne Personen werden innerhalb des Kontrollsystems immer bedeutungsloser, während das System selbst an Bedeutung gewinnt.

Politiker haben es noch dazu mit einer zersplitterten politischen Landschaft zu tun, in der jede Idee, jede Vision durch den kleinsten gemeinsamen Nenner ersetzt wird. Ein Politiker muss ein Vorhaben erst einmal innerhalb seiner Partei abklären, dann mit den Gewerkschaften, dem eigenen Wirtschaftsflügel und mit diversen Machtzentren, die ihre eigenen Agenden haben, schließlich mit dem EU-Recht, mit den Ländern und am Ende mit womöglich mehreren Koalitionspartnern, die genau die gleichen Probleme haben. Dass in so einer politischen Landschaft eine Konstellation zustande kommt, die einen mutigen politischen Schritt möglich macht, ist praktisch ausgeschlossen.

Das gilt auch für scheinbar erfolgreiche Länder wie Deutschland und Österreich. Beide leben nicht davon, dass sie intelligent agieren, sondern davon, dass sie vergleichsweise wenig große Fehler machen. Angela Merkel ruiniert Deutschland nicht willkürlich wie François Hollande Frankreich, doch auch von der deutschen Politik sind nicht viele mutige Schritte zu erwarten. Die wichtigen Reformen, von denen Deutschland noch heute zehrt, wie Hartz IV, die Flexibilisierung der Arbeitsmärkte oder die Senkung der Körperschaftssteuer, liegen schon eine ganze Weile zurück und fallen zum Teil ausgerechnet in die Ära des sozialdemokratischen Kanzlers Gerhard Schröder.

Es bleiben neben Anpassen, Mitspielen und ein Weichei werden zwei Möglichkeiten, mit dem Kontrollsystem umzugehen.

Erstens. Aussteigen.

Das bedeutet, sich von allen Dingen zu trennen, an denen das Kontrollsystem mit seinen Gesetzen, Verordnungen und Regeln andocken kann. Es bedeutet zum Beispiel, in ein Haus aus Lehm und Holz im Wald zu ziehen. Auf „Youtube" steht ein Video von Clemens G. Arvay über ein Paar namens Faith und Tony, das in Pembrokeshire in Wales in so ein Haus gezogen ist. Die beiden leben dort von dem, was ihnen der Wald bietet. Sie kochen am offenen Feuer, beziehen elektrische Energie aus dem Sonnenlicht und schwören, dass sie sich kein besseres Leben vorstellen können.

Für mich wäre das trotzdem nichts. Wenn ich offenes Feuer will, dann in einem hübschen offenen Kamin in einer gemieteten Stadtwohnung. Ich könnte mich nie so in eine Begeisterung für die Früchte des Waldes hineinsteigern, dass mir nicht zum Beispiel eine Seezunge oder ein Schwertfisch-Carpaccio im Wiener Restaurant Kornat lieber wären. Vier Stunden Waldmarsch bis zum nächsten guten Club wären auch nichts für mich.

Ganz abgesehen davon, dass das Kontrollsystem auch in so einem Waldhaus noch andockt. Faith und Tony haben ihres zwar so harmonisch in die Natur gebettet, dass es Besucher erst bemerken, wenn sie unmittelbar davor stehen. Nachdem sie es 1997 und 1998 errichtet hatten, wurden trotzdem die Behörden darauf aufmerksam und stellten einen Abrissbescheid aus. Bis 2008, also zehn Jahre lang, kämpfte das Aussteigerpaar für die Erhaltung des Hauses. Nur der öffentliche Druck bescherte ihnen schließlich eine rückwirkende Baubewilligung.

Zweitens. Auswandern.

Als England eine spezielle Bonussteuer für Banken und Hedgefonds einführte und die Einkommensteuer für Spitzenverdiener erhöhte, packte der Chef eines großen englischen Hedgefonds seine Leute in sein Privatflugzeug und zog mit ihnen in die Schweiz, was zu einem Steuerausfall für den englischen Fiskus von 200 Millionen Pfund führte. Als der französische Präsident François Hollande im Wahlkampf die Anhebung der Einkommenssteuer auf 75 Prozent in den Raum stellte, bewarben sich 30.000 Franzosen um einen Wohnsitz in der Schweiz.

Die Bindung von guten Steuerzahlern an den Staat, in dem sie Steuern zahlen, sinkt ebenso, wie die Bindung von Autofahrern an eine bestimmte Marke oder die Bindung von Konsumenten an eine bestimmte Supermarktkette. Denn mit Flügen für 200 Euro innerhalb Europas sind die Menschen mobiler geworden, die modernen Kommunikationsmittel ermöglichen es, beruflich überall auf der Welt präsent zu sein, Familienbindungen nehmen ab und was andere soziale Kontakte betrifft, so haben die Eliten unterschiedlicher Länder dank eines globalen Lebensstils oft mehr miteinander gemeinsam, als die jeweilige Elite mit dem Rest der Bevölkerung ihres eigenen Landes. Global denkende Menschen, deren Freiheitsliebe groß genug ist, entwickeln deshalb einen neuen Heimatbegriff. Heimat ist für sie dort, wo sie einen Internetanschluss haben, das Leben halbwegs schön und sicher ist und das System sie in Ruhe lässt.

Es gibt viele Gründe, auszuwandern. Steuerflüchtlinge gehen, weil sie sich vom Staat nicht enteignen lassen wollen. Wirtschaftsflüchtlinge gehen, weil sie sich anderswo mehr Wohlstand erhoffen. Klimaflüchtlinge gehen, weil ihnen das Wetter daheim zu unwirtlich geworden ist. In Zukunft werden Systemflüchtlinge gehen, weil sie genug von einem Übermaß an Gesetzen, Verordnungen und Regeln haben.

Paris, London, Frankfurt, München oder Wien sind wunderschöne Orte, um dort zu leben. Das Wetter könnte besser sein, aber es geht. Es gibt Kulturangebote, gute Restaurants, schöne Straßen und das Leben ist relativ sicher. Bloß wenn alles, was Spaß macht oder Geld bringt, verboten ist, verlieren diese traditionellen Vorzüge für jene, die es sich aussuchen können, und zu denen gehört mittlerweile auch schon die obere Mittelschicht, ihren Wert.

„Da gibt es ein anderes Land", wird so ein Bürger irgendwann beim Frühstück zu seiner Frau sagen. „Dort ist das Wetter sogar schöner als hier, wir müssen nicht gleich zum Verkehrspsychologen, wenn wir ein paar mal ein bisschen zu schnell gefahren sind, und wir sind nicht kriminell, wenn wir einmal ordentlich feiern. Jede Menge an Geld, Steuern und Abgaben sparen wir uns sowieso."

Irgendwann reicht es.

Irgendwann ist auch für mich der Punkt erreicht, an dem ich gehe. Wenn ich für Erfolg nicht belohnt sondern bestraft werde, wenn ich bei jeder mutigen Entscheidung Angst vor unkalkulierbaren Gerichtsprozessen haben muss, wenn mir der Staat mehr als die Hälfte meines Gewinns nimmt, wenn ich mich ständig mit Arbeitsbehörden, Baubehörden, Hundebehörden oder welchen Behörden auch immer abkämpfen muss, wenn ich mich dauernd mit bürokratischem Mist befassen muss, der vollkommen unproduktiv ist und nicht den geringsten Spaß macht, wenn ich mich dauernd dafür rechtfertigen muss, dass ich Gutverdiener und Leistungsträger bin, wenn ich mir ständig eine Diskussion darüber anhören muss, was mir der Staat noch alles wegnehmen kann, dann reicht es auch mir irgendwann.

Es gibt immer mehr Städte, die ein Leben in Wohlstand und Sicherheit anbieten und die nicht in Mitteleuropa liegen.

Bogotá zum Beispiel.

Als ich das letzte Mal von Miami nach Frankfurt flog, mit einem schon ziemlich alten Airbus der Air Berlin, parkte am Gate nebenan eine nagelneue Airbus-Maschine der kolumbianischen Fluggesellschaft Avianca. Als ich mit einem Passagier, der drüben wartete, ins Gespräch kam, sagte er mir, dass die kolumbianischen Fluggesellschaften nicht nur die neueren Maschinen hätten, sondern dass auch die kolumbianischen Fluglotsen nicht so oft streiken würden.

Vor zehn oder 15 Jahren war Kolumbien noch für Drogenhandel, Bürgerkrieg und Chaos bekannt. Wäre ich damals geschäftlich dorthin gereist, hätte mein damaliger Arbeitgeber vermutlich eine Lebensversicherung auf mich abgeschlossen, weil das für ihn die beste Möglichkeit gewesen wäre, mit mir noch Geld zu verdienen. Ich hätte mein Geld eher ins Casino getragen als auf eine kolumbianische Bank. Heute haben kolumbianische Staatsanleihen dasselbe Rating wie spanische, und der kolumbianische Peso, der früher wegen der hohen Inflation als Monopoly Geld galt, ist von 2009 bis 2012 im Vergleich zum Euro und Dollar um 30 Prozent gestiegen. Einige Flugstunden weiter südlich, in Santiago de Chile, ist die wirtschaftliche Situation noch wesentlich stabiler, und Chile hat bei den Ratingagenturen dieselbe Kreditwürdigkeit wie Belgien.

Ich will Kolumbien auch jetzt nicht schönreden. Das Land hat noch eine Menge Probleme zu lösen, die Mitteleuropa längst gelöst hat. Vor allem die menschenrechtliche Situation ist schlecht. Trotz rückgängiger Mord- und Entführungsraten ist die Zivilbevölkerung in dem seit 1993 andauernden Drogenkrieg Übergriffen von allen Parteien ausgesetzt. Die linksgerichteten Guerillagruppen kämpfen gegen das kolumbianische Militär. Die rechtsgerichteten Paramilitärs stehen im Konflikt mit den Guerillagruppen. Beide Parteien verüben Anschläge auf die Zivilbevölkerung. Insbesondere die Zahl der gezielten Bedrohungen und Tötungen von Gewerkschaftern, Menschenrechtlern und anderen zivilgesellschaftlich engagierten Personen ist laut Amnesty International hoch.

Doch auch in Europa sind die Straßen nur noch begrenzt sicher. Denn überall, wo Armut und Hoffnungslosigkeit entstehen, entwickelt sich Kriminalität. In Athen haben teilweise schon bürgerkriegsähnliche Zustände geherrscht. Es gibt Orte in Paris, die inzwischen unsicherer sind als die dunkelsten Winkel in New York. Ausländer müssen dort befürchten, auf offener Straße verprügelt zu werden. Wenn François Hollande so weitermacht, wird es in Paris vielleicht Orte geben, die unsicherer sind, als es die dunkelsten Ecken Bogotás vor zehn Jahren waren. Wenn Italien weiter wirtschaftet wie bisher, wird es auch in Rom solche Orte geben. Wenn Europa so weitermacht wie bisher, wird es diese Orte überall geben.

Dazu kommt in Bogotá der subjektive Vorteil, in einem aufblühenden Land zu leben, statt in einem verwelkenden. Denn selbst wenn ein aufblühendes Land noch nicht so weit ist, wie es das verwelkende noch ist, machen sein Schwung und seine Energie einiges wett. In so einem Land macht es Spaß, Geschäfte zu machen. In einer Stadt, in die Menschen zuziehen und Arbeit finden sind zum Beispiel Immobilien interessant.

In einer schrumpfenden Volkswirtschaft heißt Geschäftemachen dagegen eher, sich mit anderen darum zu streiten, wer noch wie viel von etwas ergattern kann, das immer weniger wird, und was die einfachste Form einer Betriebsschließung ist. Bogotá ist natürlich nicht ganz oben und Paris, London, Hamburg, München oder Wien sind natürlich nicht ganz unten, aber der Trend spricht für Bogotá oder andere Emerging Markets, auch wenn sie derzeit noch keineswegs risikolos sind.

Dass ich den Punkt, an dem ich selbst auswandere, noch nicht erreicht habe, hat vor allem sentimentale Gründe. Ich mag Wien, wo ich lebe, und ich mag Frankfurt, wo ich viele Geschäfte mache. Ich habe hier meine Beziehungen und es gibt Orte, die mir Kraft geben, weil sie mir seit langem vertraut sind. Außerdem wäre Auswandern so etwas wie eine Kapitulation vor dem System. So weit bin ich noch nicht.

Als Alternative zu diesen beiden wenig befriedigenden Formen des Umgangs mit dem Kontrollsystem bleibt der Widerstand. Wer an Widerstand denkt, denkt an Protest. Er denkt an revolutionäre Tendenzen. An Wütende, die eine Mehrheit bilden, an Türen, die auffliegen und an Menschen, die auf die Straße strömen, weil es ihnen reicht. Das Problem ist, dass das Kontrollsystem für diese Art des Widerstandes keine richtigen Angriffsflächen bietet. Es hat sich selbst anonymisiert. Es liegt in seiner Natur, dass zugleich jeder und niemand dafür verantwortlich ist.

Es gibt keinen Diktator wie in Ägypten, der als Feindbild dienen könnte, kein Regime wie im ehemaligen Kommunismus, das sich unterwandern ließe. Es gibt nicht einmal eine konkrete politische Institution, vor deren Toren sich eine Demonstration lohnen würde.

Das Kontrollsystem hat viel subtilere Vorkehrungen als Unterdrückung und Waffengewalt getroffen, um die Wütenden zu bremsen. Viele sind selbst vom System abhängig, weil sie in dessen ökonomische Falle gegangen sind, Konsumschulden aufgebaut und auf Pump ein Eigenheim oder per Leasing ein Auto angeschafft haben. Wenn sie nicht artig sind, wenn sie sich wehren, laufen sie Gefahr, dass das System sie absondert, sie ihre Jobs verlieren und ihre Schulden sie erdrücken. Auch die Stigmatisierung von Aggression als unzulässigen Teil des menschlichen Gefühlsspektrums gehört zu diesen subtilen Vorkehrungen.

Ich habe, ehe ich dieses Buch geschrieben habe, lange darüber nachgedacht, was Widerstand gegen das Kontrollsystem bedeutet. Natürlich kann jeder damit anfangen, sich in einem bestimmten Bereich zu wehren. Zum Beispiel im Berufsleben. Charles Grant, der Direktor eines politischen Thinktanks in London, hat einmal einen sehr schönen Satz über den britischen Premierminister David Cameron gesagt. „Er versucht nicht, das

Wetter zu ändern. Aber große Staatsmänner ändern das Wetter. Cameron richtet sich nach dem Wind." Ich glaube, dass dieses Bild nicht nur in der Politik zutreffend ist, sondern auch im Berufsleben. Die Weicheier richten sich nach dem Wind. Die Freigeister versuchen, das Wetter zu ändern.

Wer in einem Unternehmen mit ausgeprägter Weicheikultur arbeitet, kann den einfachsten Weg gehen und selbst ein Weichei werden. Er kann sich anpassen und sein Gehirn ausschalten und wird ein stressfreies und weitgehend bedeutungsloses Leben haben.

Er kann auch versuchen, mit der Weichei-Herrschaft umzugehen. In einem Konzern bedeutet das, die wenigen anderen Freigeister zu suchen und sich mit ihnen zu verbünden. Er muss den Weicheiern die Veränderungen dann immer so verkaufen, dass Protest dagegen für sie einen größeren Aufwand bedeuten würde als sich zu fügen. Oder er muss immer so tun, als wäre sein Vorschlag jetzt der Mainstream.

Oder er verändert sein Betätigungsfeld. Ich habe selbst bei internationalen Finanzkonzernen gearbeitet, aber für mich war klar, dass die Selbstständigkeit das Ziel ist und meine Zeit als Angestellter nur dazu dient, zu lernen und Erfahrungen zu machen. Kleinere Unternehmen gelten nicht umsonst als Rückgrat der deutschen und der österreichischen Wirtschaft. Ich kann nur jedem Freigeist, der etwas gestalten und erreichen will, raten, sich mittelfristig aus den Fesseln seiner Arbeitnehmer-Existenz und damit von der wachsenden Weicheikultur zu befreien und sein Glück als Unternehmer zu versuchen.

Widerstand zu leisten, zu diesem Schluss bin ich letztendlich gekommen, bedeutet in einem Kontrollsystem, es trotzdem zu schaffen. Sich nicht vom System normieren und auf einen Systemtrottel reduzieren zu lassen, sondern seinen eigenen Weg zu gehen und dabei erfolgreich zu sein.

Ich habe Menschen beobachtet, die es trotzdem schaffen und mich gefragt, was sie anders machen. Sie leisten Widerstand gegen das Kontrollsystem, nur gehen sie dabei nicht auf die Straße. Sie tragen keine Schilder vor sich her. Sie finden die einzige Angriffsfläche, die das Kontrollsystem noch bietet, in ihrem eigenen Kopf. Sie leisten Widerstand, indem sie wissentlich oder unwissentlich anders denken, als es das Kontrollsystem von ihnen verlangt. Sie denken selbstständig. Sie folgen ihren eigenen Zielen, haben ihre eigenen Träume und stellen ihre eigenen Regeln auf.

Das ist gar nicht so einfach. Wer diese Form von Widerstand leisten will, sollte sich deshalb vier Mechanismen bewusst machen, mit denen das Kontrollsystem Menschen subtil manipuliert und von sich abhängig macht.

Erstens. Das Kontrollsystem gewöhnt seinen Bürgern das selbstständige Denken ab.

Selbstständig zu denken ist schwieriger geworden, als es je war. Nicht bloß weil die Fülle der Informationen, die es zu verarbeiten gilt, größer und die Zusammenhänge, die es zu durchschauen gilt, komplexer geworden sind.

Das Kontrollsystem versucht auch noch mit allen Mitteln, seinen Bürgern das selbstständige Denken abzugewöhnen. Es will nicht nur ihr Aussehen, ihren Lebenslauf und ihr ganzes Verhalten normieren. Es will auch normieren, was in ihren Köpfen vorgeht. Es will, dass sie ihr Gehirn statt zum selbstständigen Denken nur noch dafür benutzen, alle Regeln richtig zu verstehen und zu befolgen.

Das schafft es auch. Ich erlebe es jeden Tag. Bei einem Urlaub vergangenen Sommer mit einigen Bekannten in Italien wohnte ich in einem Hotel in Stadtlage und ging immer am späteren Nachmittag, wenn ich ausgeschlafen war und gegessen hatte, zum Meer. Die Gäste des Hotels bekamen an der Rezeption Eintrittskarten für den Strand, die sie über einen Scanner am Drehkreuz beim Eingang ziehen mussten. Über dem Drehkreuz hing ein Schild mit der Aufschrift „Entrata".

Um etwa 16 Uhr, manchmal auch etwas später, öffneten die Strandwärter ein Tor gleich links vom Drehkreuz, das breit genug für zwei Lastwägen war. Wenn ich das Tor offen vorfand, ging ich dort durch, statt mich mit meiner Badetasche durch die Schleuse mit dem Drehkreuz zu quetschen.

Damit war ich meistens alleine. Alle anderen Badegäste, auch meine Bekannten, stellten sich trotz des weit offenen Tores vor dem Drehkreuz an, zogen brav ihre Eintrittskarten über den Scanner und warteten, bis das kleine Licht von Rot auf Grün sprang. Wenn sie mich vorbeigehen sahen, warfen sie mir verwunderte Blicke zu. Als ich am Ende meines Urlaubs zurück nach Wien flog, erlebte ich am Flughafen etwas Ähnliches.

Obwohl sich das Einsteigen fast eine Stunde lang ständig verzögerte, stellten sich die Reisenden in der drückenden Hitze des schlecht klimatisierten Terminals in einer langen Schlange am Gate an. Ich saß ganz allein in einer der leeren Sesselreihen und sah ihnen zu, wie sie stumm und mangels Wasserflaschen durstig in Reih und Glied schwitzten.

Ich dachte noch, dass ich auf diese Art Kreislaufprobleme bekommen würde, als tatsächlich eine Frau mittleren Alters blass wurde, wankte und kollabierte. Während Flughafenpersonal herbeieilte, um sie zu versorgen, standen die anderen Passagiere weiter stumm, durstig und schwitzend aufgereiht da. Sie standen einfach deshalb in der Schlange, weil ein Schild mit der Aufschrift „hier anstellen" und ein Pfeil am Boden es so anzeigten.

Was ein Übermaß an Regeln und Kontrollen mit dem Denken macht, zeigt schon die Kinderpsychologie. Zu viel davon schadet den Kindern. Ein Kind kann nur dann lernen, eine Situation selbstständig einzuschätzen, Gefahren zu erkennen und damit umzugehen, wenn seine Eltern es lassen. Das birgt Risiken, doch es gibt keine Alternative. Sitzt ein Kind immer nur am Schoß von Papa und Mama, die alles regeln und es ständig kontrollieren, ist es zu einem Leben ohne Selbstständigkeit verdammt. Es entwickelt keinen gesunden Menschenverstand und keine Verantwortung für sich selbst und sein Handeln. Genau das Gleiche passiert mit den meisten Bürgern des Kontrollsystems. Sie legen ihren gesunden Menschenverstand still. Sie denken nicht daran, dass sie einfach nur von der Straße zum Strand oder vom Flughafen in den Flieger wollen, um dann den bequemsten und sichersten Weg dorthin zu wählen. Sie folgen lieber Pfeilen und Hinweisschildern. Sie gehen davon aus, dass der Weg, den die markieren, automatisch der bequemste und sicherste für sie ist.

Das Kontrollsystem fängt schon in den Schulen damit an, seinen Bürgern das selbstständige Denken abzugewöhnen.

Auswendiglernen und nachplappern.

Das steht dort am Lehrplan.

Nennen Sie die fünf Familien der Urtümlichen Froschlurche.

Schwanzfrösche, Unken und Barbourfrösche, Neuseeländische Urfrösche, Geburtshelferkröten und Scheibenzüngler.

Sehr gut, setzen.

Das steht zwar für alle, die es wissen wollen, jederzeit und überall abrufbar auf *Wikipedia*, aber darum geht es nicht. Das Kontrollsystem will die Gehirnaktivitäten seiner Bürger auf ein Maß reduzieren, das sie handzahm und willfährig macht. Selbstständiges Denken stigmatisiert es zu diesem Zweck schon an den Schulen als subversiv.

Warum hast du immer so verrückte Ideen?

Wer auswendiglernt und nachplappert, macht alles richtig. Er bekommt gute Noten und Lob. Wer selbstständig denkt oder gar das System hinterfragt, gerät in den Schulen leicht in die Rolle des Querulanten. Er riskiert, dass er schlechte Noten bekommt oder fliegt.

Psychologen der Universität Jena haben herausgefunden, dass es einen Zusammenhang zwischen rebellischem Verhalten und erfolgreichem Unternehmertum gibt. Sie fanden deutliche Hinweise darauf, dass spätere Unternehmensgründer in ihrer Jugend eine deutlich höhere Tendenz haben, Regeln zu ignorieren. Sie missachten häufiger Verbote ihrer Eltern oder schummeln und schwänzen in der Schule. Verhaltensweisen wie Normen zu ignorieren, Risiken einzugehen und Regeln zu brechen können deshalb den Wissenschaftlern zufolge Entwicklungsvorboten für Innovation, Risikobereitschaft oder Kreativität sein. Den entscheidenden Beitrag zur Volkswirtschaft leisten also nicht die braven Schüler sondern die Querulanten. Trotzdem stellen die Schulen brav zu sein über alles.

Im richtigen Leben kommt zum Auswendiglernen und Nachplappern nur noch das Umsetzen hinzu. Wer auswendig lernt, nachplappert und umsetzt was die Gesetze, Verordnungen und Regeln sagen, was auf den Schildern steht und wohin die Pfeile weisen, macht alles richtig. Wer es hinterfragt, gerät auch im richtigen Leben leicht in die Rolle des Querulanten, riskiert seinen Job und muss irgendwann vielleicht in die Psychiatrie.

Mit der Zeit denken die Bürger des Kontrollsystems freiwillig nicht einmal mehr über die banalsten Dinge nach. Wer zum Beispiel einen schönen Italien-Urlaub wie ich im vergangenen Sommer machen und tolle Leute kennenlernen will, muss nachdenken und zwar von Anfang an. Wer es nicht tut, steht bei der Hinfahrt im Stau, wohnt in einem teuren aber schlechten Hotel und hängt nach einer überteuerten, fetttriefenden Pizza zum Abendessen in einer Abzockerdisko mit 30 Euro Eintritt ab, in der ein gleichgültiger Wirt billigen Fusel in die Barcardi-Flasche füllt und an deren Theke statt hübscher Mädchen ein paar weibliche Weight Watchers stehen, die mit ihrem Therapeuten Selbstbewusstsein üben. Wenn ich während meines Italien-Urlaubs meine Bekannten gefragt habe, was wir machen wollen, habe ich trotzdem fast immer die gleiche Antwort bekommen. Keine Ahnung. Habe ich selbst etwas vorgeschlagen und war es dann nicht ganz so toll, haben sich alle bei mir beschwert.

Das Kontrollsystem gewöhnt seinen Bürgern das selbstständige Denken so lange ab, bis in den Gehirnen der meisten von ihnen nur noch ein Bruchteil dessen passiert, was Denken eigentlich sein sollte. Sie lassen sich nur noch berieseln und halten sich für klug, wenn sie gut im Nachplappern sind.

Wer verlernt hat, selbstständig zu denken, entwickelt über die Entscheidung zwischen Apple und PC hinaus auch keine eigenen Überzeugungen und Lebensphilosophien mehr. Er bedient sich auch hier am Angebot des Kontrollsystems, das ihm ständig seine Glaubenssätze vorplappert. Die haben meistens den Sinn, die Abhängigkeit eines Bürgers vom Kontrollsystem zu erhöhen.

Kapitalisten sind böse.

Kapitalisten sind Menschen, die mit Kapital arbeiten, statt für das Kapital. Daran ist zwar nichts wirklich Böses, doch wer das tut, ist als Systemtrottel unbrauchbar.

Konsumschulden sind normal.

Je höher die Konsumschulden eines Bürgers sind, ein desto braverer Systemtrottel muss er sein. Wer verlernt hat, selbstständig zu denken, muss dann alles Mögliche als gegeben hinnehmen. Dass er in der Arbeit sinnentleerte Dinge tun und sich dabei an seltsame Bekleidungsvorschriften halten muss zum Beispiel. Oder dass die Schönen und Reichen, die Glücklichen und Freien immer die anderen sind. Wer sich zwischendurch fragt, warum das eigentlich so ist, findet die Antworten ebenfalls in vorgefertigten Glaubenssätzen.

Wir sind nur die kleinen Leute.

Schuster bleib bei deinen Leisten.

Du musst dich nach der Decke strecken.

Das Leben ist eben so.

Wer sich diesen vom Kontrollsystem errichteten Grenzen des Denkens nähert, bei dem blinken im Kopf Warnlampen in Form weiterer Glaubenssätze auf.

Das gehört sich nicht.

Das darfst du nicht.

Das geht nicht.

Das schaffst du nicht.

Das Leben ist eben so.

Wer unbedingt Revolutionär spielen möchte, darf Anzug und Krawatte gegen ein Kapuzenshirt tauschen und statt Microsoft Linux benützen. Künstler, deren Aufgabe es wäre, das System zu hinterfragen, begnügen sich dann oft mit der Rolle von Designern und diskutieren statt den Methoden des Kontrollsystem nur noch die ihres wichtigsten Softwareherstellers Adobe, wenn sie sich durch dessen Vertriebssystem bevormundet fühlen. Gibt es irgendwo eine Schlange, stellen sich die Typen in den Anzügen und die Typen in den Kapuzenshirts miteinander an.

Die meisten Bürger finden das in Ordnung so. Es ist bequem. Selbstständig zu denken wäre unbequemer. Es hieße, zu eigenen Erkenntnissen zu gelangen, Konsequenzen daraus zu ziehen und sie selbst zu verantworten. Das würde nicht nur Übung erfordern, es scheint auch riskant zu sein.

Vielleicht fällt mir ein Stein auf den Kopf, wenn ich durch das offene Tor zum Strand gehe.

Vielleicht verhaftet mich die Flughafenpolizei, wenn ich auf einem der freien Sitzplätze am Gate Platz nehme.

Irgendwann ist der Schalter für selbstständiges Denken im Gehirn so lange auf „aus“, dass viele nicht mehr wissen, wie sie ihn wieder auf „ein“ kriegen. Dann beginnen sie zu glauben, dass die Welt zu kompliziert geworden ist und dass sie zu dumm für sie sind.

Dabei ist Denken keine Frage von Intelligenz. Genausowenig wie Gehen eine Frage von Geschwindigkeit ist. Entweder ist jemand in der Lage, zu gehen, dann geht er, oder er ist nicht in der Lage dazu, dann kriecht er. Wie schnell, elegant und aufrecht jemand geht, sind dann noch andere Fragen.

Schließlich vergessen viele, dass es überhaupt einen Schalter für selbstständiges Denken in ihrem Gehirn gibt. Dann fangen sie an, auf ihre innere Stimme zu vertrauen. Wovon auch nichts besser wird. Denn auch ihre innere Stimme ist vom System infiltriert.

Bei selbstständig denkenden Menschen hat sie vielleicht eine Bedeutung. Ich habe Mathematik studiert und bin ein eher analytischer Mensch, doch es gab auch in meinem Leben schon Situationen, in denen mich meine innere Stimme vor falschen Entscheidungen bewahrt hat. Zum Beispiel, wenn ich Entscheidungen sehr rasch treffen musste und mir keine Zeit für genaue Analysen blieb.

Doch die innere Stimme nährt sich im Wesentlichen aus der Summe der Erfahrungen eines Menschen. Wer immer brav den Schildern und Pfeilen folgt, dessen Erfahrungen beschränken sich auf die Reaktion seines Verdauungstraktes, wenn er zuerst schlaffe Pizza und dann billigen Fusel hatte, oder auf die Reaktion seiner Umgebung, wenn er doch einmal eine verrückte Idee hat. Im Prinzip wiederholt seine innere Stimme dann die Glaubenssätze des Kontrollsystems.

Wir sind nur die kleinen Leute.
Schuster bleib bei deinen Leisten.
Du musst dich nach der Decke Strecken.
Das Leben ist eben so.

Zweitens. Das Kontrollsystem verführt zu negativem Denken.

Ohne dass es ihnen richtig bewusst ist, sind die Dinge, die in den Gehirnen der Bürger des Kontrollsystems vorgehen, meistens negativ.

Aus verständlichen Gründen. Wer brav den Schildern und Pfeilen folgt, hat einen Job als Systemtrottel, das Belohnungssystem eines Konsumtrottels, eine Ehe, in der es oft schon nach dem ersten Hochzeitstag nur noch um Sicherheit, Wirtschaftsgemeinschaft und anderen schrecklich langweiligen

Kram geht, und dazu ein Hobby als Burn-out-Prophylaxe. Arschkriechen, Einkaufen, Fernsehen und Kakteen gießen. Oder Arschkriechen, Einkaufen, Fernsehen und Bungee-Jumping. Das ist das Modell des Kontrollsystems für die Selbstverwirklichung seiner Bürger.

Negativ zu denken, zu schimpfen und zu jammern sind dann die letzten Ventile. Es sind die Ventile der Verlierer, der Willen- und Wehrlosen, der Ohnmächtigen. Sie umgeben sich mit Gleichgesinnten, mit Schimpf- und Jammerklubs, und zielen auf Mitleid ab. Auf Mitleid der anderen im Klub oder auf Mitleid vom lieben Gott oder vom Schicksal. Kriegen sie keins, üben sie sich in Selbstmitleid.

Negativ zu denken wird dabei zu einer Art Sucht wie Rauchen, Trinken und Spielen. Es scheint ja auch so normal zu sein. Im Radio läuft am Montagmorgen, wie schlimm es ist, dass die Woche beginnt, und am Freitag läuft, wie toll es ist, dass die Woche endet.

Je negativer jemand denkt, desto bedrohlicher werden die Szenarien, die er sieht, desto größer ist seine Angst und desto bereitwilliger folgt er den Schildern und Pfeilen. Selbst wenn es plumps macht, kann er sich dann mit einem letzten Gedanken trösten.

Ich habe mich nur an das System gehalten.

Drittens. Das Kontrollsystem nimmt seinen Bürgern die eigenen Ziele.

Mit der Fähigkeit zu denken, nimmt das Kontrollsystem seinen Bürgern auch die Fähigkeit, eigene Ziele zu entwickeln.

Vor kurzem habe ich eine 30 Jahre alte Frau kennengelernt, die über den Arbeitsmarkt geschimpft und gejammert hat. Sie hatte in Wien Internationale Entwicklung und Publizistik studiert und meinte, dass es frustrierend sei. Sie hätte schon alles Mögliche versucht. Sie hätte Bewerbungen an 180 Firmen geschickt, persönliche Kontakte geknüpft und nach Projekten Ausschau gehalten. Sie habe alles richtig gemacht, meinte sie, und trotzdem hätte sich nichts ergeben.

Ich fand, dass sie im Grunde zu Recht schimpfte und jammerte. Ihre Generation hatte es besonders schlimm erwischt. Zuerst hatte sie das Kontrollsystem zu einer Generation von Systemtrotteln erzogen und dann hatte es für viele von ihnen nicht einmal Verwendung gefunden.

Als ich die Frau trotzdem nach ihren beruflichen Zielen fragte, gab sie mir eine Antwort, die ich bei solchen Gelegenheiten oft höre.

Ich bin für alles offen.

Ich sagte ihr, sie solle bei Gelegenheit zum Flughafen fahren, ein paar Ticketschalter besuchen und dort erklären, dass sie gerne fliegen würde, einen international gültigen Reisepass und alle möglichen Impfungen besäße, und für alles offen sei. Die Ticketverkäufer würden sie wahrscheinlich leicht genervt fragen, wo genau sie hinwolle und sie schließlich zu anderen Schaltern schicken. Sie würde irgendwann zu schimpfen und zu jammern beginnen. Die Ticketverkäufer seien schlecht, würde sie sagen, der ganze Flughafen sei scheiße, sie hätte alles richtig gemacht und trotzdem würde sie noch immer hier festsitzen.

Irgendwann, wenn die Ticketverkäufer Mitleid mit ihr bekämen und sie schon alle Kunden, die wussten, wohin sie wollten, bedient hätten, würde sie einer zu sich winken. „Sie wollen einfach nur irgendwo hin?", würde er fragen und ihr irgendeinen Ladenhüter verkaufen, der ihm eine möglichst hohe Provision oder andere Pluspunkte brächte.

Sie würde irgendwo landen. Am Flughafen Oberpfaffenhofen in Deutschland, am Flughafen Guangzhou in China oder am Flughafen Deadhorse in Alaska. Sie würde es wahrscheinlich trotzdem als Erfolg betrachten.

Endlich am Ziel.

Was es heißt, sich ein eigenes Ziel zu setzen und es zu erreichen, würde sie wahrscheinlich nie in ihrem Leben erfahren. Das Kontrollsystem hat ihr keine Chance dazu gegeben.

Viertens. Das Kontrollsystem nimmt den Bürgern die Träume.

Mit der Fähigkeit, eigene Ziele zu entwickeln, nimmt das Kontrollsystem seinen Bürgern auch die Fähigkeit, zu träumen.

Bei Kindern funktioniert es noch. „Ich will", sagt ein Kind und fängt an zu träumen. Doch dann kommen seine Eltern, seine Onkel und Tanten, die Freunde der Familie, die Kindergartentante, der Lehrer in der Schule und all die anderen. Sie machen dem Kind klar, dass es so nicht geht.

Warum hast du immer so verrückte Ideen?

Wir sind nur die kleinen Leute.

Als Ersatz für ihre eigenen Träume präsentiert das Kontrollsystem seinen Bürgern solche aus seiner Retorte. Darin zeigt es seine Version von Selbstverwirklichung in rosarot. Zum Beispiel in der Fernsehwerbung. Ein junges Paar verlässt glücklich die Bank, weil es gerade den Kredit für sein Eigenheim bekommen hat. Jemand schwebt mit seinem neuen Großbildfernseher im siebten Himmel.

Würde die gute Fee kommen und Bürger des Kontrollsystems nach ihren wahren Träumen fragen, fiele den meisten keine richtige Antwort ein. Sie würden spontan etwas wie gut leben, reich sein, Gesundheit für sich und ihre Familie oder Frieden für die Welt sagen. Der guten Fee würde das aber nicht reichen. Es wäre ihr nicht konkret genug. Sie würde mit der Schulter zucken und ihnen Selbstverwirklichung nach dem Modell Kontrollsystem in hellblau für sie herbeizaubern.

Widerstand erfordert Mut

Warum das Kontrollsystem nicht will, dass seine Bürger selbstständig denken, ist klar. Der Verzicht darauf macht sie zu besseren Systemtrotteln, die den ganzen Tag brav das Vermögen und die Macht einiger weniger mehren. Denn wer nicht selbstständig denkt und keine eigenen Ziele und Träume hat, entwickelt auch keinen eigenen Willen. So jemanden kann das Kontrollsystem, einfach indem es die Schilder und Pfeile richtig aufstellt, nach Belieben ausquetschen. Wenn es damit fertig ist, kann es wieder von vorne anfangen und ihn noch einmal ausquetschen.

Das tut es auch und es ist in den vergangenen dreißig Jahren dabei sehr effizient geworden. Wie effizient, zeigt ein einfaches Rechenbeispiel. Der Lebensstandard einer durchschnittlichen Familie nähert sich durch die falsche Steuerpolitik und andere falschen Weichenstellungen des Kontrollsystems in vielen europäischen Ländern wieder einem Niveau wie vor 25 Jahren an. Einiges hat sich verändert. Statt in Rimini macht so eine Familie jetzt in Thailand Urlaub, statt eines mager ausgestatten Kombi fährt sie jetzt einen Familiy-Van mit Sitzheizung und statt eines gemeinsamen Festnetzanschlusses haben jetzt alle ihr eigenes Handy. Doch mit den gestiegenen Ausgaben für Gesundheit, Altersvorsorge oder brauchbare Schulbildung kommt es ungefähr auf das Gleiche wie damals heraus.

Um diesen Lebensstandard zu erhalten, reichte vor dreißig Jahren ein Alleinverdiener, dessen Job normalerweise sicher war.

Rimini und der Kombi waren neben dem Eigenheim mit einem Gehalt locker drin, und für die Gesundheit, die Altersvorsorge und die brauchbare Schulbildung sorgte der Staat.

Jetzt müssen für den Lebensstandard einer durchschnittlichen Familie beide Elternteile arbeiten und am besten noch Oma und Opa etwas von ihrem Ersparten zuschießen. Dazu kommt, dass beide Verdiener wegen eines höheren Arbeitstempos, verbesserter technischer Möglichkeiten, besserer Bildung und gestiegenen Leistungsdrucks produktiver sind als damals.

Unter dem Strich heißt das, dass Menschen, die den Schildern und Pfeilen folgen, jetzt für einen ähnlichen Lebensstandard wie vor 25 Jahren und ein paar zusätzliche Spielzeuge wie iPhone und Plasma-TV beinahe doppelt so viel arbeiten und drei bis viermal so viel leisten müssen wie damals und trotzdem mehr Unsicherheit haben. Das Kontrollsystem ist in der Zwischenzeit beim Ausquetschen seiner Bürger drei- bis viermal so effizient geworden. Bloß merken das vor lauter Schilderlesen und Pfeilenfolgen nur die wenigsten.

Menschen tun unter steigendem Druck Dinge, die ihrem Leben keinen Sinn geben. Doch die Empathie, diesen Zusammenhang herzustellen, bringt das Kontrollsystem nicht auf. Wer nicht mehr kann, den steckt es in eine Art Streichelzoo für Menschen, in dem freundliche Pfleger schlecht verschleiern, dass sie ihn für einen Verlierer halten. Gleichzeitig wird es den Druck, mit dem es seine Bürger ausquetscht, ungehindert weiter erhöhen. Um damit durchzukommen, reichen dem Kontrollsystem Gesetze, Verordnungen, Regeln und Kontrollen nicht. Es reicht ihm auch nicht, seinen Bürgern das selbstständige Denken abzugewöhnen und ihnen ihre Ziele und Träume zu nehmen. Es hat ein zusätzliches starkes Disziplinierungsinstrument entwickelt. Dieses Disziplinierungsinstrument ist die Angst.

Womöglich fällt mir ein Stein auf den Kopf, wenn ich durch das offene Tor zum Strand gehe.

Womöglich verhaftet mich die Flughafenpolizei, wenn ich auf einem der freien Sitzplätze am Gate warte.

Die Angst bildet eines der Fundamente des Kontrollsystems, hat mir meine Autorenkollegin Martina Leibovici-Mühlberger einmal erklärt. Denn der Mensch ist ein Kleingruppenwesen, das nicht mehr als 170 andere Menschen kennen kann. Er ist dafür gemacht, nur die zu kennen, mit denen er jagt, sammelt oder im Stammesverband lebt. Lebt er in einer modernen Großgruppe, etwa in einer Stadt, fühlt er sich durch all die anderen, die über die 170 hinausgehen, überfordert.

Womit er auf zwei Arten umgehen kann. Entweder er vertraut darauf, dass er in der Lage ist, ihnen zu begegnen und sich in dieser Begegnung zu bewähren, oder er vertraut auf Gesetze und Kontrollen, die das Verhalten des anderen normieren und vorhersehbar machen. Weil die Entscheidung gegen das Selbstvertrauen und für Gesetze und Kontrollen gefallen ist, hat sich Selbstvertrauen in der Gesellschaft zurückentwickelt, während das Kontrollsystem aufgeblüht ist. Wer kein Selbstvertrauen hat, muss sich immer fürchten.

Die meisten Bürger des Kontrollsystems fürchten sich ständig davor, ihre gesundheitliche Versorgung, ihre Pensionen und ihre Arbeitslosenversicherung zu verlieren. Sie fürchten sich davor, ihre Sicherheit zu verlieren und davor, dass es ihre Kinder einmal schlechter haben werden als sie selbst. Sie fürchten sich davor, dass sie ihr ganzes Navigationssystem für das Leben und damit ihren Halt verlieren. Sie fürchten sich davor, aus der Rolle zu fallen und sich zu blamieren, als Querulant gemieden oder abserviert zu werden und schließlich ganz allein zu sein, weil sich alle abwenden.

Das Kontrollsystem fördert diese Angst mit zwei subtilen Botschaften.

Erstens. Strample brav im Hamsterrad, dann wird alles gut.

Zweitens. Denk lieber gar nicht darüber nach, was passiert, wenn du es nicht tust.

Schuster, bleib bei deinen Leisten, sonst fällst du auf die Schnauze.

Die Angst davor, selbstständig zu denken, ist begründet. Wer eigenen Zielen statt den Schildern und Pfeilen folgt, ging schon immer ein gewisses Risiko ein, auf die Schnauze zu fallen. Das liegt in der Natur der Sache. Wer das Ziel hat, mit einer eigenen Geschäftsidee reich zu werden, kann pleitegehen. Wer das Ziel hat, eine Schule in Simbabwe zu errichten, kann an Gelbfieber, Hepatitis oder Typhus erkranken.

Dazu kommt das Risiko, mit dem Kontrollsystem in Konflikt zu geraten. Denn wer eigenen Zielen folgt, hat eine Tendenz,

Konventionen zu brechen, und das mag das Kontrollsystem nicht. Es will, dass alles beim Alten bleibt. Wer Konventionen bricht, kann hingegen Veränderungen bewirken. Die können dazu führen, dass das Kontrollsystem nicht nur ihn, sondern auch viele andere nicht mehr so gründlich ausquetschen kann.

Auch dieses Risiko, das der Bruch von Konventionen mit sich bringt, gab es schon immer. Mercedes Benz ist heute eine der bekanntesten Marken der Welt. Doch als Carl Benz das Automobil erfand und damit die Konvention des Fahrens in Pferdekutschen brach, machte er sich viele Feinde. Die ließen Studien anfertigen, aus denen hervorging, dass Menschen sterben würden, wenn sie sich mit mehr als dreißig Stundenkilometern fortbewegen würden. Als der österreichische Mechaniker und Erfinder Siegfried Marcus das Automobil einige Jahre vor Carl Benz entwickelte, musste er wegen seines vermeintlichen Höllengefährtes sogar ins Gefängnis.

Die Grundhaltung ist noch immer die gleiche. Als Niki Lauda in Österreich seine erste Fluglinie gründete und damit die Konventionen der bis dahin monopolistisch organisierten Branche brach, bekämpfte ihn die staatliche österreichische Fluglinie Austrian Airlines mit einem Netzwerk, das die halbe Republik samt ihrer Institutionen umfasste.

Den Gründern von Billigfluglinien wie Southwest-Airlines, Easyjet oder Ryanair, von Paketdiensten wie DHL oder UPS oder von Musiktauschbörsen wie Napster ging es ähnlich. Sie schufen eine neue Industrie, indem sie mit Konventionen brachen und hatten sich mit den Konsequenzen herumzuschlagen.

Derzeit bekämpft eine Lobby unter dem Vorwand, Bürger mit Gesetzen vor bösen Finanzprodukten schützen zu müssen, die Idee des Crowdfundings. Wer Geld braucht, könnte es sich damit einfach direkt bei Anlegern holen. Nach Beseitigung einiger Schwachstellen ließe sich so, gerade in Zeiten, in denen Banken weniger Kredite vergeben dürfen, die Wirtschaft ankurbeln. Trotzdem ist Crowdfunding in Österreich faktisch verboten und in Deutschland nur mit großen Beschränkungen möglich. Es ist ein Bruch mit den Konventionen am Geldmarkt, der dazu führen würde, dass das Kontrollsystem Macht verliert.

Es ist auch nicht so, dass alle, die mit Konventionen brechen, irgendwann so erfolgreich sind wie Carl Benz. Shawn Fanning machte Napster 1999 zur weltweit beliebtesten Möglichkeit, Musik aus dem Internet herunterzuladen. Sehr zum Ärger der Industrie, die damit Geld und Macht verlor. Am Ende musste Fanning den Dienst einstellen und die Markenrechte verkaufen. Napster selbst existiert noch, allerdings als Bezahlplattform und unter der Ägide der US-Elektro-Handelskette Best Buy.

Wer Konventionen bricht, gerät heute allerdings leichter denn je mit dem System in Konflikt. Jeder Angestellte, der Bekleidungsvorschriften ignoriert, tut es im Kleinen und hat mit Konsequenzen zu rechnen. Kluge Unternehmer, die ihre Firma selbst führen, schätzen den Bruch von Konventionen vielleicht noch als Voraussetzung für Fortschritt. Doch in einem Konzern, in dem jene, die all die Regeln gemacht haben, auf einem anderen Kontinent sitzen, hat es keinen Platz. Wer sich dort nicht strikt ans System hält, passt nicht hinein.

Wer seine eigenen Ziele verfolgt, hat allerdings einen großen Vorteil. Er kann seine Risiken trotz der Rechtsunsicherheit, die im Kontrollsystem Einzug gehalten hat, noch immer bis zu einem gewissen Grad kalkulieren. Er kann sich seinen Ängsten stellen, sie nüchtern analysieren, ein realistisches Szenario für den schlimmsten Fall entwerfen, sich fragen, ob er damit umgehen könnte und sein Risiko je nachdem dosieren.

Wer seine eigenen Ziele verfolgt, hat damit eine Risikodisposition wie ein Investor, der auf Aktien setzt. Er kann gewinnen und je besser er sich informiert und je klüger er vorgeht, desto eher gewinnt er, aber er kann auch verlieren. Im schlimmsten Fall fällt er auf die Schnauze.

Wer dagegen den Schildern und Pfeilen des Kontrollsystems folgt, kann sein Risiko nicht kalkulieren und fällt garantiert auf die Schnauze. Denn die Sicherheit, die das Kontrollsystem vorgaukelt, gibt es nicht.

Was alle tun, mag den Anschein erwecken, das Richtige zu sein. Doch wer einen Job als Systemtrottel, das Belohnungssystem eines Konsumtrottels und ein Eigenheim auf Pump hat, hat ungefähr die gleiche Risikodisposition wie ein ahnungsloser Kleinanleger, der sein gesamtes Vermögen auf eine Kombination aus ägyptischen, ukrainischen und griechischen Staatsanleihen setzt.

Denn die Bürger des Kontrollsystems glauben zwar gerne, dass sie in einer heilen Welt leben, aber in Wahrheit leben die meisten von ihnen finanziell am Anschlag. Wenn irgendetwas passiert, wenn ein paar Leute in China oder den USA beschließen, dass die Abteilung, in der sie arbeiten, Geschichte ist, wenn ihre Ehe zerbricht, wenn sich die Zinsen in die falsche Richtung entwickeln oder wenn ein Hochwasser ihr Haus ruiniert und die Versicherung nicht zahlt, sind sie bankrott und haben keine Möglichkeiten, keine Erfahrungen und keine Strukturen, um neu anzufangen. Dieses Risiko kann niemand kalkulieren. Wer es trägt kann nur beten, dass die Leute in China oder in den USA seine Abteilung erhalten wollen, dass seine Ehe hält, dass sich die Zinsen immer in die richtige Richtung entwickeln und dass es nicht zu stark regnet.

Selbst wenn der liebe Gott oder das Schicksal seine Gebete erhören, sieht es schlecht aus. Das Kontrollsystem quetscht mit seiner wild gewordenen Steuerpolitik, seinen schwindenden Sozialleistungen und dem tristen Arbeitsmarkt auch noch das Letzte aus ihm heraus. Was ihm danach noch bleibt, nimmt ihm die Inflation.

Jeder Bürger des Kontrollsystems hat also zwei Optionen.

Erstens. Er versucht, aus seinem Leben das Beste zu machen, kann dabei alles gewinnen und fällt dabei vielleicht auf die Schnauze.

Zweitens. Er folgt den Schildern und Pfeilen, wird zum Systemtrottel und fällt dabei garantiert auf die Schnauze.

Alle vernünftigen Argumente sprechen für die erste Option. Die Entscheidung ist nur eine Frage des Mutes. Der Mut ist der

Gesellschaft allerdings mit der fundamentalen Entscheidung für Gesetze und Kontrollen und gegen Selbstvertrauen abhanden gekommen. Eine Falle, die so eng mit der Zivilisationsgeschichte und dem kollektiven Bewusstsein der modernen Gesellschaft verknüpft ist, dass ihr wohl niemand mehr allein dadurch entkommen kann, dass ihm jemand gut zuredet oder dass er für sich allein an seinem Selbstvertrauen arbeitet.

Trotzdem gibt es Menschen, die den Mut aufbringen und sich jeden Tag über die Denknormen des Kontrollsystems hinwegsetzen. Bei manchen ist es am Anfang die Kraft ihrer Unzufriedenheit über den Unterschied zwischen ihrer aktuellen Situation und der Situation, die sie sich für sich wünschen. Diese Kraft heißt Ehrgeiz. Bei manchen ist es das Gefühl, das jeder kennt, der sich ein Ziel setzt. Dieses Gefühl, das schon etwas davon hat, wie es sein wird, es erreicht zu haben. Es heißt Hoffnung.

Bei mir war es am Anfang beides, Ehrgeiz und Hoffnung. Irgendwann schöpfte ich mein Selbstvertrauen und meinen Mut dann auch aus den Dingen, die ich tatsächlich schon erreicht hatte.

aktionsplan

FÜR EUREN KOPF

Wer sein Gehirn von den Dogmen
des Kontrollsystems befreit hat,
kann seine eigenen Regeln machen.

Erstens. Ignoriert, was euch das Kontrollsystem einflüstert und denkt selbstständig.

Hört einfach nicht auf die Dinge, die euch eure Eltern, eure Nachbarn, eure Verwandten, der Herr Lehrer in der Schule, eure Arbeitskollegen, euer Abteilungsleiter, euer Vizeabteilungsleiter und wen es da sonst noch so alles an vermeintlichen Ratgebern gibt, einflüstern. Sie wissen nicht, was gut für sie selbst ist, und noch weniger wissen sie, was gut für euch ist. Denn wüssten sie es, wären sie eben erfolgreich und vermögend. Sie hätten Gold und Immobilienbesitz. Sie würden die Welt bereisen, eine Schule gründen oder andere aufregenden und erfüllenden Dinge tun. Sie würden keine langweiligen Jobs haben und sie würden nicht das langweilige Leben fristen, das ihnen das Kontrollsystem bietet.

Denkt einfach immer daran, dass ihr mit dem, was sie euch vorplappern, garantiert auf die Schnauze fallt. Misstraut allem, das scheinbar gegeben ist. Wenn ihr merkt, dass etwas von diesem lähmenden Zeug in eurem Kopf kreist, dann streicht es einfach. Streicht diese Gedanken. Nur ein einziger Mensch darf entscheiden, was in eurem Kopf passiert und das seid ihr selbst. Habt den Mut dazu, anders zu denken. Habt den Mut dazu, seltsam zu sein. Hört auf, die Denkmuster des Kontrollsystems zu benützen, oder verwandelt sie einfach in ihr Gegenteil.

Schuster, tu was du gerne tust.
Die Decke wird sich nach dir strecken.
Scheiß drauf, was sich gehört.
Du schaffst es.

Dazu braucht ihr eine gewisse Fähigkeit zur Selbstreflexion. Die meisten Bürger des Kontrollsystems verlernen sie gemeinsam mit der Fähigkeit zum selbstständigen Denken. Sie gewöhnen sich irgendwann daran, mit der Reflexion auszukommen, die ihnen das Kontrollsystem bietet. Die besteht darin, dass es ihnen auf die Finger haut, wenn sie einen Fehler machen.

Selbstreflexion bedeutet, sich selbst beim Denken und Handeln zu beobachten, sich beim Reden zuzuhören und sich Fehler einzugestehen. Das verlangt, wach und ehrlich zu sich zu sein. Es geht darum, die eigenen Gedanken zu erkennen und auszumisten. Die schlechten, die vom Kontrollsystem kommen und die euch in der Rolle bedeutungsloser Systemtrottel oder artiger Weicheier festhalten, müsst ihr streichen. Ihr müsst sie durch gute ersetzen, die euch stark, kreativ und erfolgreich machen.

Es gibt ein paar Dinge, die euch helfen, den Schalter für selbstständiges Denken in eurem eigenen Kopf wieder auf „ein" zu stellen. Die Glotze wegzuwerfen zum Beispiel oder noch besser, das System zu untersuchen, nach dem der Gebrauchtmarkt für Unterhaltungselektronik funktioniert, sie zu einem guten Preis zu verkaufen und stattdessen Bücher oder Qualitätszeitungen zu lesen.

Lesen ist ein gutes Mittel, um euer selbstständiges Denken anzuregen. Es ist schon ein Anfang, wenn ihr es in der U-Bahn oder im Zug tut, statt vielleicht lustige, aber geistlose Handyspiele zu spielen oder euch stumm über die neueste Intrige in der Firma oder über eure aktuelle Beziehungskrise zu ärgern.

Ich lese zwanzig Bücher im Jahr und jeden Tag entweder auf Papier oder elektronisch eine britische, eine deutsche, eine schweizerische und eine österreichische Qualitätszeitung. Es gibt genügend gute Zeitungen, die aus verschiedenen Blickwinkeln zeigen, was geschieht. Denn in den Redaktionen von Qualitätsmedien sitzen intelligente Menschen, die eine Bastion gegen die Verdummung durch das Kontrollsystem bilden. Ihr braucht sie nur zu lesen, statt euch mit Infotainment aus Junk-Kanälen zuzumüllen und euch dabei fette Kartoffelchips und zwei Bier reinzuziehen. Ich weiß schon, das braucht vielleicht jeder manchmal, aber wenn das eure Routine ist, dann bleibt in euren Leben eben alles so, wie es ist. Abgesehen davon, dass ihr älter, dicker, unattraktiver und tendenziell ärmer werdet.

Wenn ihr wieder selbstständig denken wollt, solltet ihr auch euren Umgang überprüfen. Umgebt ihr euch mit Menschen, die nur nachplappern, was ihnen das Kontrollsystem vorplappert, ist das richtig gefährlich. Ich empfehle euch nicht, eure Familie und Freunde zu meiden. Das sind die wichtigsten Menschen in eurem Leben. Ich empfehle euch nur, wachsam zu sein. Denn es ist so wie bei Alkoholikern. Unter Säufern kann ein Säufer schwer zu saufen aufhören. Genauso kann ein Systemtrottel unter Systemtrotteln schwer selbstständig denken lernen.

Nichts wird euch mehr dazu anregen, selbstständig zu denken, als das Gespräch mit Menschen, die es schon tun. Wer Freunde hat, die selbstständig denken und ernsthaft über Dinge diskutieren, muss entweder immer stumm bleiben, weil er sich sonst blamiert, oder ebenfalls selbstständig zu denken und sich zu informieren anfangen. Wenn ihr solche Freunde nicht habt, findet ihr sie leichter denn je. Es gibt Vereine und Seminare, es gibt Internetportale und Lokale, wo jemand, der selbstständig denkende Menschen sucht, auch welche findet. Sucht euch auch ein berufliches Umfeld, wo kreative Visionäre und nicht Bürokraten und Weicheier die Oberhand haben.

Zweitens. Denkt positiv.

Mir fällt dazu immer ein Erlebnis ein, das ich mit 23 hatte. Es war das Jahr 1999 und ich stand am Straßenrand, als die 120 Teilnehmer der ersten Gumball 3000, einer inzwischen legendären Straßenrally vermögender Menschen, durch Österreich brausten. Es war ein ziemliches Spektakel. Viele wollten wie ich die irren Autos aus nächster Nähe sehen.

Neben mir stand ein frustriert aussehender Typ in einem unbequemen Anzug. Er war voller Verachtung für die Fahrer. Er sagte zu seiner ebenfalls frustriert aussehenden Frau, dass die Leute in den Autos Arschlöcher seien. Dass sie sich mit ihrem Geld über die Verkehrsregeln hinwegsetzen und damit auch noch durchkommen würden. Sie würden am Abend, wenn sie Party machten, sogar mit ihren Strafmandaten prahlen.

Die sollten alle ein paar Wochen Sozialdienst leisten, damit sie wissen, wie das Leben wirklich ist.

Ich verachtete die Fahrer der aufregenden Autos weder, noch bewunderte ich sie. Ich fragte mich einfach, was ich tun könnte, um möglichst bald auch an so einer Rally teilzunehmen und den ganzen Tag und den ganzen Abend Spaß zu haben. Was die können, kann ich auch, dachte ich.

Irgendwo stand vielleicht noch ein dritter Typ, vielleicht in einer Lederjacke, in der Menschenmenge und sah sich das Spektakel mit ernster Miene an. Er fragte sich möglicherweise, wie viel die Veranstalter der Gumball 3000 wohl verdienten und schätzte ihre Ausgaben für Organisation und Werbung und ihre Einnahmen durch Teilnehmergebühren und Sponsoren.

Ein paar Jahre später hatte ich meinen ersten richtigen Sportwagen. Ich habe inzwischen bereits zweimal an der Modball Rally teilgenommen, einem mit der Gumball 3000 vergleichbaren Straßenrally, bei dem die Teilnehmer jünger und die Partys besser sind. In Venedig gehörte eine Poolparty am Dach des Hilton und in Luxemburg eine Paint-Party in einem angesagten Club zum Programm. Weibliche Weight-Watchers gab es bei beiden keine oder zumindest nur welche, die das Abnehm-Programm schon magna cum laude abgeschlossen hatten. Ich weiß es deshalb genau, weil in Luxemburg unter der Einwirkung von Alkohol und bunten Farben ein paar von den schönsten weiblichen Gästen zur späten Stunde nackt durchs Lokal liefen.

Der Typ, der 1999 in einer Lederjacke am Straßenrand stand, gründete ein paar Jahre später vielleicht seine eigene Straßenrally und verdient damit seither gutes Geld. Mit Teilnehmergebühren, Sponsorenleistungen und Provisionen von den Hotels, in denen die Teilnehmer absteigen.

Was aus dem Typ im unbequemen Anzug geworden ist, kann ich nicht sagen. Ich weiß nur eins. Hat er seine Art zu Denken nicht geändert, ist nichts aus ihm geworden. Dann ist er noch immer so missmutig, und alles, was sich in seinem Leben entwickelt hat, sind seine Magengeschwüre. Dann hat er in all den Jahren, in denen ich meine Firmen aufgebaut und mir meine ersten Sportwagen verdient habe und in denen der Gründer der Straßenrally seine Idee groß gemacht hat, nur Blödsinn gedacht, Blödsinn geredet und ein tristes Leben geführt.

Klar, dass nicht jeder von euch unbedingt in einem verrückten Auto im Konvoi mit ein paar Gleichgesinnten auf einer mehrere tausend Kilometer langen Strecke einige schöne Städte unsicher machen will. Nicht jeder ist ein Autofreak. Trotzdem ist klar, worum es geht. Wer positiv denkt, zieht Chancen an. Wer negativ denkt, zieht Probleme an. Die positive Sichtweise bringt Inspiration, Motivation und Erfolg. Die negative Sichtweise bringt Magengeschwüre.

Natürlich ist niemand davor geschützt, kleinkrämerisch und negativ zu denken. Auch ich nicht. Es gibt auch bei mir Zeiten, in denen sich Erfolge wie von selbst einstellen und andere, in denen ich sie mir hart erkämpfen muss. Auch ich ertappe mich dann beim Schimpfen und Jammern und beim Baden in Selbstmitleid. Dann gebe ich mir einen kräftigen Arschtritt, analysiere die Ursachen des Misserfolgs, überlege was ich tun kann um die Probleme zu beseitigen und denke an meine Ziele und Visionen. Ich denke daran, dass ich selbst die Macht über mein Schicksal habe. Was in meinem Kopf passiert, passiert hinterher in meinem Leben.

Ich beobachte mich, wenn die Dinge gerade einmal nicht so gut laufen, besonders genau beim Denken. Außerdem analysiere ich meine Konsum- und Lebensgewohnheiten. Ich bin kein Gesundheitsapostel und mir liegen keine Studien darüber vor, aber ich zumindest werde schlecht gelaunt und fange negativ zu denken an, wenn ich zu viel esse, zu viel Alkohol trinke, zu viel rauche, mich zu wenig bewege, zu wenig schlafe und zu wenig Wasser trinke. Mit Drogen habe ich keine Erfahrung, aber ich vermute, dass es sich damit genauso verhält.

Auch beim positiven Denken ist der richtige Umgang wichtig. Ein Schimpfer und Jammerer kann in einem Schimpf- und Jammerklub schwer zu schimpfen und zu jammern aufhören.

Negativ denkende Menschen erkennt ihr daran, dass sie immer schimpfen und jammern, über ihren Job, ihren Chef, ihre Kollegen und ihren Freund oder ihre Freundin. Wenn sie einen neuen Job, einen neuen Chef, neue Kollegen und einen neuen Freund oder eine neue Freundin haben, fangen sie nach ein paar Wochen wieder von vorne damit an, das Ganze meist hinter vorgehaltener Hand. Positiv denkende Menschen erkennt ihr zum Beispiel daran, dass sie weniger jammern, andere weniger kritisieren und stattdessen sich selbst und andere konstruktiv analysieren. Sie sprechen die Dinge offen an. Sie sind mit ihrem Leben zufriedener. Sie sind erfolgreicher.

Positiv zu denken heißt dann zum Beispiel, Probleme als Chancen zu betrachten. Je größer ein Problem ist, desto größere Aufgaben kann später übernehmen, wer es gelöst hat. Das hat einen einfachen Grund. Es ist schwieriger, ein Problem zu lösen, als einen Erfolg zu feiern, weshalb im ersten Fall die Lernkurve steiler ist. Ein erfolgreicher IT-Unternehmer hat mir einmal erzählt, wie ihn Ende der 1990er-Jahre sein damals privat und beruflich engster Vertrauter betrog und seine Firma deshalb beinahe pleite ging. Er musste mehr als die Hälfte seiner Mitarbeiter entlassen und alles verkaufen, das nicht zum Kerngeschäft gehörte. Trotzdem überlebte er nur knapp.

Als ein paar Jahre später die Wirtschaftskrise kam, gehörte er zu den wenigen Unternehmern seiner Branche, denen sie nichts anhaben konnte. Denn während alle anderen versuchten, in letzter Minute Ballast abzuwerfen, hatte seine Firma bereits genau das richtige Format. Er profitierte sogar von den Problemen der Konkurrenz. Hätte ihn sein Partner nicht betrogen und wäre er dadurch nicht schon damals zu radikalen Sparmaßnahmen gezwungen gewesen, wäre sein Unternehmen wahrscheinlich wie viele andere in der Wirtschaftskrise untergegangen.

Als ich in Frankfurt wegen gestiegener Immobilienpreise keine Investments mehr fand, die in mein Anlageschema passten, dachte ich an diese Geschichte. Ich hätte wie viele meiner Kollegen schimpfen und jammern können. Darüber, dass ich nicht viel mehr gekauft hatte, als die Chance dazu noch bestand oder darüber, dass es jetzt vorbei war. Die Frankfurter Immobilienpreise wären davon nicht gesunken. Das Schimpfen und Jammern hätte mich Zeit, Kraft und Inspiration gekostet und nichts hätte sich dadurch geändert.

Stattdessen war ich froh, dass meine bisherigen Investments in Frankfurt im Wert ordentlich gestiegen waren, sah mich in anderen Städten um und kaufte nach einer eingehenden Analyse in Stuttgart. Als ich nach einer Weile auch dort keine Investments mehr fand, die in mein Anlageschema gepasst hätten, sah ich mich weiter um. Jetzt gehören mir 130 Wohnungen in Frankfurt und Wiesbaden und zwanzig in Stuttgart. Ich freue mich darüber; dass ihr Wert kontinuierlich steigt und prüfe inzwischen den Markt in Hannover, Nürnberg, Karlsruhe und anderen Städten. In Hannover habe ich bereits investiert. Geht das auch nicht mehr, wird vielleicht Spanien interessant. Wenn sich ein Fenster schließt, öffnet sich immer ein anderes.

Drittens. Formuliert eigene Ziele.

Klar definierte, eindeutig messbare und zeitlich eingegrenzte Ziele sind eine Grundvoraussetzung für jeden, der nicht von der Lethargie des Kontrollsystems und der Weicheier erfasst werden will. Wer nicht weiß, was er will, wird unweigerlich zum Systemtrottel ohne Geld und Freiheit, denn zu groß ist der Einfluss des Kontrollsystems und der vielen Weicheier. Wer hingegen genau weiß, was er will, wird all den bürokratischen Mist, den er täglich vorgesetzt bekommt, in seinem Kopf beiseite schieben, und seinen Fokus auf seine Ziele legen. Wer sich etwas wirklich in den Kopf setzt und unbedingt haben will, wer wirklich hungrig ist und nicht nur sagt, „es wäre schön, viel Geld zu haben oder frei zu sein“, wird trotz aller bürokratischer Hürden, die das Kontrollsystem aufstellt, Mittel und Wege finden, seine Ziele zu erreichen.

Meine Ziele sind ein wesentlicher Bestandteil meines Lebens. Selbst wenn mich jemand nach einem Heavy Metal Festival aus dem Tiefschlaf reißt, kann ich sie ihm nennen und zwar noch bevor ich die Augen aufbekomme und nach kurzfristigen, mittelfristigen und langfristigen geordnet. Zum Beispiel meine Ziele in Sachen Immobilien. Jetzt besitze ich 150 Wohnungen. In fünf bis sechs Jahren möchte ich 500 besitzen und schließlich mindestens 1000.

Ich bin ein freiheitsliebender Mensch. Ich brauche einen gewissen Lebensstandard, um glücklich zu sein. Ich möchte schön und zentral wohnen, schnelle Autos fahren, gut essen, wild feiern und mich nicht um Kleinkram kümmern müssen. Ich erschaffe gerne Dinge und baue gerne Firmen auf. Ich rechne gerne und mache gerne gute, möglichst große Geschäfte. Außerdem habe ich das Bedürfnis, mein Wissen und meine Erfahrungen weiterzugeben. Um diese Dinge drehen sich meine Ziele.

Eines meiner Ziele besteht darin, eine große Corporate Finance Firma zu besitzen. Darunter verstehe ich eine mit mindestens einer Milliarde Euro Transaktionsvolumen. Ein anderes besteht darin, Präsident meiner eigenen Ausbildungsstätte zu sein. Es soll ein moderner, unbürokratischer Ort sein, an dem junge Menschen erfahren, wie Wirtschaft funktioniert, wie sie eine Firma aufbauen, Mitarbeiter motivieren und führen und dabei viel Geld verdienen und jede Menge Spaß haben können.

Zu jedem Zeitpunkt meines Lebens hat mich die Mehrheit der Menschen für meine Ziele belächelt und sie für unrealistisch gehalten. Trotzdem habe ich schon einige erreicht. Manchmal musste ich Umwege, Hürden und Verzögerungen in Kauf nehmen, aber das ist im Rückblick egal. Irgendwann bestand mein Ziel darin, wann immer ich will gut essen gehen zu können. Das ist für mich kein Thema mehr. Ich wollte einen Aston Martin und kaufte einen günstig aus einem Leasingvertrag heraus. Ich wollte an einer Straßenrally teilnehmen und buchte die Modball Rally. Ich wollte Unternehmer werden und gründete nach einigen Angestelltenjobs mit einem Partner meine eigene Corporate Finance Firma. Ich wollte mein Wissen weitergeben und wurde eingeladen, Vorträge an Schulen und Universitäten zu halten. Ich habe, ebenfalls mit einem Partner, eine Seminarfirma gegründet und freue mich, als Buchautor ein Publikum gefunden zu haben.

Wenn ihr euch eigene Ziele setzt, unabhängig vom normierten Lebensentwurf des Kontrollsystems für Systemtrottel und Weicheier, ist die Wahrscheinlichkeit, dass ihr sie irgendwann zumindest teilweise erreicht, trotz des Risikos, das immer bleibt, hoch. Denn wenn ihr nach Rom wollt, zum Flughafen fahrt und am Ticketschalter euer Ziel nennt, kommt ihr irgendwann auch dort an.

Natürlich kann euch zuvor alles Mögliche passieren. Eure Kreditkarte kann gesperrt werden, Flugumleitungen oder -verspätungen können euch in die Quere kommen, die Maschine kann wegen einer Terrorwarnung stehen bleiben oder von einer Schlechtwetterfront aufgehalten und umgeleitet werden. Ihr könnt irrtümlich ein falsches Ticket buchen oder wegen irgendwelcher Sachzwänge über Sydney fliegen müssen. Doch am Ende werdet ihr nicht am Flughafen Oberpfaffenhofen in Deutschland, am Flughafen Guangzhou in China oder am Flughafen Deadhorse in Alaska landen, sondern am Flughafen Leonardo da Vinci in Rom.

Viertens. Entwickelt Visionen.

Wenn ihr euch ein Ziel setzt, müsst ihr euch vorstellen können, es zu erreichen. Im wahrsten Sinn des Wortes. Benützt eure Fantasie dazu, eine Vision davon zu entwickeln, wie es sein wird. Anders ausgedrückt: Lernt wieder, zu träumen.

Als ich mir damals bei der Durchfahrt der Gumball 3000 in Wien das Ziel setzte, selbst eines Tages an so einer Straßenrally teilzunehmen, fing ich noch mitten im Menschengewühl davon zu träumen an, wie es sein würde. Ich stellte mir vor, wie ich in einem Aston Martin im Konvoi mit anderen schnellen Autos in eine Stadt einfuhr, wie am Ende der Tagesetappe schöne Frauen zu meinem Wagen strömten und wie ich jede Menge interessante Leute kennenlernte, mit denen ich später Geschäfte machen konnte.

Zu visualisieren, wie es sein wird, ein Ziel erreicht zu haben, ist der erste Schritt zur Umsetzung. Ich nehme mir deshalb ganz bewusst Zeit dafür, besonders, wenn in meinem Leben Veränderungen anstehen. Ich begebe mich auch bewusst in Situationen, in denen ich am ehesten zu träumen anfange.

Ich fange auf wilden Partys und Heavy Metal Festivals zu träumen an, wenn ich in einem meiner Cabrios über die Straßen jage und manchmal auch bei harmlosen Beschäftigungen wie dem Wandern. Dann stelle ich mir vor, wie ich Transaktionen und Firmenverkäufe manage, die später legendär werden. Ich stelle mir die Closing-Partys vor, bei denen alle Beteiligten den Abschluss mit Pool-Partys, üppigen Gelagen oder Speedboot-Rennen feiern. Ich stelle mir vor, wie Bauarbeiter mit einem Kran das Schild über dem Eingang meiner eigenen Ausbildungsstätte aufhängen. „Investment Punk-Akademie".

Findet heraus, in welcher Situation ihr zu träumen anfangt. Bei jedem Menschen ist das anders. Einer tut es am ehesten beim Radfahren, einer, wenn er etwas Gutes isst und einer, wenn er mit seinen Kindern spielt.

Jeder erfolgreiche Mensch hat einen Traum, eine Vision von dem, was er erreichen will. Das ist der Leitfaden für seine langfristige Entwicklung. Bei mir ist es der Leitfaden für die langfristige Entwicklung meines Unternehmens. Dieser Traum, diese Vision, ist mein Antrieb, mich anzustrengen, mehr zu erreichen als die anderen und die Disziplin zu haben, Ziele trotz aller

Widrigkeiten zu verfolgen. Wer keine Träume hat, dem fehlt diese Energie und der wird mit großer Wahrscheinlichkeit den Kampf gegen Weicheier und Bürokraten verlieren.

Fünftens. Findet die Schwächen des Systems.

Wenn ich mit der Lufthansa von Wien nach Frankfurt, Hannover oder Berlin fliege, muss ich am neuen Terminal des Wiener Flughafens mein Handgepäck auf eine Waage stellen. Überschreitet es ein Gewicht von acht Kilo, muss ich mich zweimal anstellen. Einmal, um es aufzugeben und einmal, um es nach meiner Ankunft an meinem Flugziel wieder abzuholen. Das kostet mich bis zu 45 Minuten. Wenn ich Pech habe und zu lange in der Schlange stehen muss, versäume ich meinen Flieger.

Da ich das weiß und nicht gerne Schlange stehe, fliege ich nicht mit der Lufthansa sondern zum Beispiel mit der Air Berlin. Die startet in Wien von einem anderen Terminal, in dem es keine Waage gibt. Wenn ich nicht gerade einen Schrankkoffer dabei habe, kann ich mein Handgepäck unbehelligt mit an Bord nehmen.

Jedes System hat Schwächen und bietet Möglichkeiten, es zu umgehen. Das gilt für alle Lebensbereiche. Ich weiß, wo auf den Strecken, die ich regelmäßig mit dem Auto fahre, die Radarboxen stehen und welche Autos die Zivilstreifen fahren. Wenn mir in Deutschland ein mittelgroßer Mercedes, BMW oder Audi folgt oder in Österreich ein Skoda Superb oder Oktavia, drossle ich das Tempo.

Wer an der Uni nicht die Hälfte seiner Zeit, die er für die Diplomarbeit braucht, für Fußnoten und Quellenangaben verwenden will, kann sich einen Betreuer suchen, der überlastet ist oder aus anderen Gründen keine Lust auf diesen Unfug hat. Ich habe in Harvard für mein Masters Degree weniger Aufwand betrieben als manche Studenten für ihren Bachelor, weil auch Eliteunis nach bestimmten Systemen funktionieren, die sich analysieren und zum eigenen Vorteil nützen lassen.

Oft ist das Austricksen des Systems eine Frage des richtigen Zeitpunktes. Als die Investmentbank Goldman Sachs die damals angeschlagene Broker-Firma J.Aaron übernahm, brauchte sie gute Leute. Bürokraten wären an der Aufgabe gescheitert, und das wussten die Bankchefs. Damals bekamen Freigeister ihre Chance, Menschen, die sich auskannten und unkonventionelle Wege gehen konnten. Bei denen achtete niemand darauf, ob der Anzug den richtigen Schnitt hatte oder die Krawatte die richtige Farbe. Solche Chancen gibt es für Leute, die etwas können und querdenken auch heute noch. Gilt es, ein Problem zu lösen, auf das die Weicheier und Systemerhalter keine Antwort haben oder das sogar ihre Existenz bedroht, ist die Zeit der Freigeister gekommen. In diesem Fall haben sie sogar die Chance, einen bürokratischen Laden komplett umzukrempeln.

Wenn ihr ein System analysiert, findet ihr meist sogar ziemlich schnell einen realistischen Weg, ein Ziel effizient zu erreichen. Ihr müsst die Schwachstellen, Lücken und Widersprüche des Systems verstehen und zum richtigen Zeitpunkt zur Stelle sein, wenn den Bürokraten und Weicheiern nichts mehr einfällt.

Sechstens. Macht eure eigenen Regeln.

Wer es schafft, sein Gehirn von den Dogmen des Kontrollsystems zu befreien, kann beginnen, seine eigenen Regeln zu machen. Voraussetzung dafür ist Handschlagqualität. Wer tut, was er sagt und auf dessen Worte Verlass ist, dessen Regeln akzeptieren alle, die mit ihm zu tun haben, rasch. Wer seine eigenen Regeln hingegen nicht befolgt, den nimmt niemand ernst.

Meine Mitarbeiter kennen meine Regeln. Sie wissen, dass ich sie nicht an den Normen des Kontrollsystems messe, sondern ausschließlich daran, ob sie die Ziele, die wir vereinbart haben, erreichen. Wie sie sich dabei anziehen und welche Fotos von sich sie auf ihre Facebook-Seite stellen, ist mir völlig egal.

Google-Gründer Larry Page hat für einen ganzen Konzern seine eigenen Regeln aufgestellt. Es gibt bei Google keine Bekleidungsvorschriften, keine Befehlskultur, und kein Vertrag legt fest, wo ein Google-Mitarbeiter arbeitet. 65 Prozent von ihnen tun das an mindestens einem Tag pro Monat zu Hause, ohne Formulare ausfüllen oder Arbeitsprotokolle vorlegen zu müssen. Google misst seine Mitarbeiter nicht an Verhaltensnormen sondern daran, ob sie die vereinbarten Ziele erreichen.

Es gibt auch bei Google Richtlinien, aber Google überprüft sie in einem internen Prozess regelmäßig, mit dem Ziel, so viele wie möglich wieder abzuschaffen. „Es kommt darauf an, was man Menschen zutraut", hat Google-Personalchef Lazlo Bock einmal in einem Interview mit dem Nachrichtenmagazin Spiegel gesagt. „Soll man sie streng kontrollieren? Oder glauben, dass sie im Großen und Ganzen gut sind und das Gleiche wollen? Daran glauben wir."

So fragwürdig die Rolle von Google bei den von Edward Snowden aufgedeckten geheimdienstlichen Spähprogrammen ist, so sehr widersetzt sich Google mit dieser Personalpolitik zumindest in der Theorie dem Kontrollsystem und hat Erfolg.

Jeder, der die Fähigkeit zum selbstständigen Denken behalten oder wiedererlangt hat, findet Möglichkeiten vor, eigene Regeln zu definieren. Niemand muss sich nur ans System halten. Jeder Abteilungsleiter kann es in seinem Einflussbereich tun. Selbst jeder kleine Mitarbeiter kann für sich Regeln aufstellen und sei es nur dafür, wie genau er die Regeln des Kontrollsystems exekutiert und wie sehr er die Spielräume, die es ihm bietet, im Sinne der Freiheit, der Vernunft und der Menschlichkeit nützt.

Ihr könnt euch jeden Tag bei jeder Entscheidung fragen, was es für euch, eure Mitmenschen und die Gesellschaft bedeutet, wenn ihr euch nur an das System haltet und welche Alternativen ihr habt. Jeder von euch entscheidet damit jeden Tag selbst, ob er als Systemtrottel oder als selbstbestimmtes Individuum durchs Leben geht.

epilog

Widerstand zu leisten ist weder einfach noch ungefährlich. Es ist aufregender, als den Schildern und Pfeilen zu folgen, aber es ist nicht bequem. Fragen mich bei meinen Vorträgen Zuhörer, was sie tun müssen um reich und erfolgreich zu sein, verlieren nach meinen Antworten mindestens zwei Drittel die Lust dazu. Denn erfolgreich Widerstand zu leisten setzt zehn Dinge voraus.

Erstens. Hunger und Ehrgeiz.
Zweitens. Harte Arbeit.
Drittens. Ständige Selbstreflexion und die Fähigkeit, eigene Schwächen nicht nur zu erkennen, sondern sie auch zu beseitigen, sei es durch Geschäftspartner oder Berater.
Viertens. Entscheidungsstärke und die Fähigkeit, einmal getroffene Entscheidungen auch umzusetzen.
Fünftens. Laufende Weiterbildung.

Sechstens. Eine solide wirtschaftliche Basis und den Verzicht auf Konsumschulden.
Siebtens. Risikobereitschaft und eine ausgeprägte Fähigkeit, Risiken zu analysieren und realistisch zu bewerten.
Achtens. Eine positive Grundeinstellung.
Neuntens. Ein inspirierendes persönliches Umfeld.
Zehntens. Disziplin.

Die zehnte Eigenschaft, die Disziplin, ist diejenige, die meine Zuhörer am allermeisten abschreckt und dabei ist sie vielleicht die wichtigste. Denn ein Mensch, der von frühester Jugend an daran gewöhnt ist, sich vom Kontrollsystem leiten zu lassen, befindet sich in einer Abhängigkeit davon, die ebenfalls einer Sucht ähnelt. Das Vertraute entwickelt einen Sog. Wer nicht diszipliniert ist, lässt sich bald wieder treiben, säuft am Wochenende sein Bier mit Kumpels, redet mit ihnen darüber, wie scheiße die Welt und wie schlecht das Fernsehprogramm ist, kippt unversehens in sein altes Leben zurück und muss immer wieder mühsam von vorne anfangen. Bis er endgültig aufgibt.

Disziplin bedeutet für mich im Wesentlichen immer, die Dinge, die ich ohnedies gerne tue, planmäßig und konsequent zu tun. Ich war deshalb immer gerne diszipliniert. Schon weil ich herausgefunden habe, dass die Dinge, die ich gerne tue, noch mehr Spaß machen, wenn ich sie gründlich, pünktlich und genau tue. Wenn ich das Wort Disziplin benütze, stoße ich trotzdem vor allem bei jungen Menschen auf Ablehnung. Sie glauben nicht an Disziplin. Sie glauben nicht einmal dann an

Disziplin, wenn es darum geht, ein Ziel zu erreichen und damit ihr Leben entscheidend zu verbessern. Sie halten Disziplin für eine Macke alter Männer, die in Kasernen sozialisiert wurden. Sie finden Disziplin scheiße.

Früher stritt ich mit ihnen. Ich sagte ihnen, dass sie mit chillen, shoppen und chatten allein nie ihren Weg machen würden. Ich sagte ihnen, dass erfolgreiche Menschen immer diszipliniert seien, selbst dann, wenn sie es ihnen nicht auf den ersten Blick ansehen würden. Doch sie glaubten mir nicht. Selbst jene glaubten mir nicht, die ich als begabt und potenziell erfolgreich einschätzte oder die schon erfolgreich waren. Das wunderte mich am meisten.

Schließlich begriff ich, dass das Kontrollsystem den Begriff Disziplin vereinnahmt und ihm eine neue, negative Bedeutung gegeben hatte. Das Kontrollsystem lehrt seine Bürger von der Schule an, dass Disziplin darin besteht, nicht einfach schlapp in seinem Modell von Selbstverwirklichung abzuhängen, sondern sich dort ordentlich anzustrengen. Disziplin bedeutet in diesem Modell, gründlich, pünktlich und genau Dinge zu tun, die keinen Spaß machen.

Das ist nicht die Disziplin, die ich meine. Diese Disziplin habe ich nie gehabt, und wenn ich sie gehabt hätte, wäre ich damit gescheitert. Denn das ist die Disziplin der Weicheier und Systemtrottel.

Lernen Sie Disziplin, Herr Kollege.

Das heißt dann, jeden Tag aufstehen, wenn der Wecker läutet. Jeden Tag duschen, anziehen, frühstücken und im Stau stehen. Jeden Tag buckeln, dienen und in den Arsch kriechen. Sich jeden Tag vorsagen, dass die Reichen die anderen sind, dass das Leben hart ist und dass es eben so ist. Jeden Tag brav den Schildern und Pfeilen folgen. Jeden Tag die Gesetze, Verordnungen und Regeln beachten.

Diese Art von Disziplin ist tatsächlich Unfug. Diese Art von Disziplin macht nicht erfolgreich sondern unglücklich und krank. Denn wer diszipliniert Dinge tut, die ihm keinen Spaß machen und seinem Leben keinen Sinn geben, brennt auf Dauer aus. Wenn jede Überlegung, jede Entscheidung und jede Handlung einen Beitrag zum Funktionieren eines anonymen Kontrollsystems darstellt, ist Disziplin Dummheit. Diese Disziplin abzulehnen, ist eine vernünftige Maßnahme des Selbstschutzes.

Erfolgreiche Menschen sind diszipliniert.

Das stimmt. Doch der Umkehrschluss stimmt nicht. Niemand ist nur deshalb erfolgreich, weil er diszipliniert ist. Disziplin hat nur dann Sinn, wenn jede Überlegung, jede Entscheidung und jede Handlung einen Beitrag zum Erreichen der eigenen Ziele und zur Verwirklichung der eigenen Träume ist.

Es gibt keine Zeit zu verlieren. Jede Minute unter der Herrschaft der Weicheier ist vergeudet. Wer das System besiegen will, muss jetzt bei sich selbst anfangen.

MANIFEST ÜBER DIE PFLICHT ZUM WIDERSTAND GEGEN DEN KONTROLLSTAAT

Geleitet von Schildern und Pfeilen in einem Kontrollstaat zu leben, der Menschen schlimmer als manche Diktatur normiert, manipuliert und überwacht, ist einer modernen Gesellschaft unwürdig. Denn dieser Staat stellt seine Bürger unter den Generalverdacht der Unfähigkeit. Er tut so, als könnten sie Entscheidungen nicht selbst treffen und verantworten und als wäre ihr idealer Lebensraum ein klinisch sauberer Arbeits- und Freizeitpark, in dem es für alles einen Hausordnungspunkt samt Sonderbestimmungen und Ausnahmen gibt.

Das hinzunehmen bedeutet, freiwillig und leichtfertig auf Werte wie Selbstbestimmung, Meinungsfreiheit und Privatsphäre zu verzichten, die das Fundament jeder modernen Gesellschaft bilden sollten. Sie bringen individuelle Entfaltungsmöglichkeiten, die Menschen erst zu Menschen machen.

Denn wer, statt selbstständig zu denken, Schildern und Pfeilen folgt, ist manipulierbar. Er rennt immer dorthin, wohin die Schilder und Pfeile weisen und nimmt als gegeben hin, was ihm der Kontrollstaat sagt. Sagt er ihm, es diene seiner Sicherheit, lässt er sich irgendwann in einen Käfig sperren, in dem ihm grüne Schilder mit weißen Pfeilen zeigen, in welchem Winkel er durch die Eisenroste zu scheißen hat und in dem er zur Stromgewinnung für das Rechenzentrum der NSA in Maryland in die Pedale eines Generators treten muss.

Ein solcher Bürger eignet sich perfekt dafür, den Reichtum einiger weniger zu mehren. Ein Job als Systemtrottel, das Belohnungssystem eines Konsumtrottels und ein Hobby als Burnout-

Prophylaxe. Arschkriechen, Einkaufen, Fernsehen und Kakteen züchten. So sieht dann sein Leben aus.

Jeder Bürger, der zu einem Mindestmaß an Respekt vor sich selbst und vor der Gesellschaft fähig ist, hat deshalb die Pflicht, Widerstand gegen den Kontrollstaat zu leisten.

Wer an Widerstand denkt, denkt an Protest. Er denkt an revolutionäre Tendenzen. An Türen, die auffliegen und an Wütende, die auf die Straße strömen. Doch der Kontrollstaat bietet dafür keine Angriffsfläche mehr. Er hat sich selbst anonymisiert. Es gibt keinen Diktator, der als Feindbild dienen könnte, und kein Regime, das sich unterwandern ließe.

In einem Kontrollstaat bedeutet Widerstand, die einzige Angriffsfläche, die er noch bietet, im eigenen Kopf zu finden. Widerstand bedeutet, den Schildern und Pfeilen zu misstrauen und selbstständig zu denken. Denn wer das tut, kann eigenen Zielen und Träumen folgen, einen eigenen Willen entwickeln und sich damit unabhängig machen. Je mehr Menschen das tun, desto mehr Macht verliert das Kontrollsystem.

Wer selbstständig denkt, kann mit jeder Entscheidung, die er trifft, Widerstand leisten. Er kann seine eigenen Regeln aufstellen und sei es nur dafür, wie sehr er die Spielräume, die das Kontrollsystem bietet, im Sinne der Freiheit, der Vernunft und der Menschlichkeit nützt. Jeder kann sich jeden Tag bei jeder Entscheidung fragen, was es für ihn, seine Mitmenschen und die Gesellschaft bedeutet, wenn er sich nur an das System hält, und welche Alternativen er hat.

Dieses Manifest findet ihr auch auf Youtube und auf meinem Blog www.investmentpunk.com

Gerald Hörhan

INVESTMENT punk

Warum ihr schuftet und wir reich werden.

edition a

Gerald Hörhan
Investment Punk
Warum ihr schuftet und wir reich werden.

Ein sicherer Angestelltenjob, ein Eigenheim auf Pump, ein Leasingauto und ein bisschen an der Börse spekulieren: Wer in diesem Hamsterrad strampelt, wird immer nur abgezockt. Investmentbanker Gerald Hörhan zeigt den Weg in die wirtschaftliche Unabhängigkeit: Wahre Aufsteiger müssen bereit sein, die ökonomischen Konventionen der Mehrheit hinter sich zu lassen

ISBN 978-3-99001-008-2
192 Seiten, EUR 19,95

Gerald Hörhan
GEGEN
gift
Wie euch die Zukunft gestohlen wird.
Was ihr dagegen tun könnt.
edition a

Gerald Hörhan

Gegengift

Wie euch die Zukunft gestohlen wird. Was ihr dagegen tun könnt.

Sparen bei der Bildung, schwieriger Arbeitsmarkt und keine Chance auf staatliche Altersversorgung. Jetzt halst Europa jungen Menschen auch noch die Kosten für den Reformstau auf. Denn die Rechnung für die Wirtschaftskrise bezahlen sie. Gerald Hörhan rüttelt die jungen Generationen auf und sagt, wie sie sich wehren können. Eine gewohnt provokante Ansage des Harvard-Absolventen, der gerne mit Irokesenfrisur und Lederkluft auftritt und dabei im Aston Martin vorfährt.

ISBN 978-3-99001-029-7
192 Seiten, EUR 19,95